세밀화로 그린 보리 어린이
나방 도감

세밀화로 그린 보리 어린이

나방 도감

그림 / 옥영관
글 / 백문기

편집 / 김종현
기획실 / 김용란, 김소영
디자인 / 이안디자인
제작 / 심준엽
영업마케팅 / 심규완, 양병희, 윤민영
영업관리 / 안명선
새사업부 / 조서연
경영지원실 / 차수민
분해와 출력, 인쇄 / (주)로얄프로세스
제본 / (주)과성제책

1판 1쇄 펴낸 날 / 2025년 8월 8일
펴낸이 / 유문숙
펴낸 곳 / (주)도서출판 보리
출판등록 / 1991년 8월 6일 제9-279호
주소 / (10881) 경기도 파주시 직지길 492
전화 / (031) 955-3535 전송 / (031) 950-9501
누리집 / www.boribook.com 전자우편 / bori@boribook.com

ⓒ 백문기, 보리 2025

이 책의 내용을 쓰고자 할 때는 저작권자와 출판사의 허락을 받아야 합니다.
잘못된 책은 바꾸어 드립니다.
값 35,000원

보리는 나무 한 그루를 베어 낼 가치가 있는지 생각하며 책을 만듭니다.

ISBN 979-11-6314-422-9 76400 978-89-8428-544-6 (세트)

제품명: 도서 제조자명: (주)도서출판 보리 주소: (10881) 경기도 파주시 직지길 492 전화번호: (031) 955-3535
제조년월일: 2025년 8월 제조국: 대한민국 사용연령: 8세 이상 주의사항: 책의 모서리가 날카로우니 다치지 않게 주의하세요.
KC 마크는 이 제품이 공통안전기준에 적합하였음을 의미합니다.

세밀화로 그린 보리 어린이
나방 도감

우리 땅에 사는 나방 120종

그림 옥영관 | 글 백문기

보리

일러두기

1. 이 책에는 우리나라에서 맨눈으로 구분이 가능한 우리나라 나방 가운데 120종이 실려 있습니다. 색깔이 이쁘거나, 특이한 무늬가 있거나, 쉽게 볼 수 있는 종들입니다.
2. 나방 학명과 국명은 《한국곤충명집》(2021)과 《국가생물종목록-곤충》(국립생물자원관, 2024)을 따랐습니다.
3. 책은 크게 1부와 2부로 나누었습니다. 1부에는 나방에 대해 알아야 할 내용을 정리해 놓았습니다. 2부에는 나방 120종에 대해 형태적 특징과 알려진 생태 정보를 간단히 정리해 놓았습니다. 또 정보 상자에서 어른벌레가 나오는 때, 우리나라에서 사는 곳, 애벌레가 먹는 식물, 어른벌레 날개 편 길이를 따로 정리해 놓았습니다.
4. 형태를 설명하는 각 부위 명칭은 주로 한국응용곤충학회가 펴낸 《곤충학용어집》(2013)을 따랐습니다. 가능한 우리말로 쓰려 했지만 의미가 뚜렷하지 않거나 어색한 경우에는 한자 말을 그대로 썼으며, 외국 자료를 찾을 필요가 있는 경우에는 영어 명칭도 덧붙였습니다.
5. 곤충 형태를 설명할 때, 일관성 있게 색깔을 표현하거나 표기하는 일이 매우 어렵습니다. 가능한 푸른색, 노란색처럼 단색은 우리말로 쓰고, 청록색, 황갈색처럼 복합 색은 한자 말로 표기했습니다.
6. 맞춤법과 띄어쓰기는 국립국어원 누리집에 있는 《표준국어대사전》을 따랐습니다. 전문 용어는 띄어쓰기를 적용하지 않았습니다.
7. 분류 이름과 국명에는 사이시옷을 적용하지 않았습니다.
8. 나방의 '날개 편 길이'는 날개를 펼쳤을 때 양쪽 날개 끝까지 길이며, 저자들이 확인한 것을 바탕으로 했으므로 실제와 차이가 날 수 있습니다.

긴꼬리산누에나방

9. 본문 보기

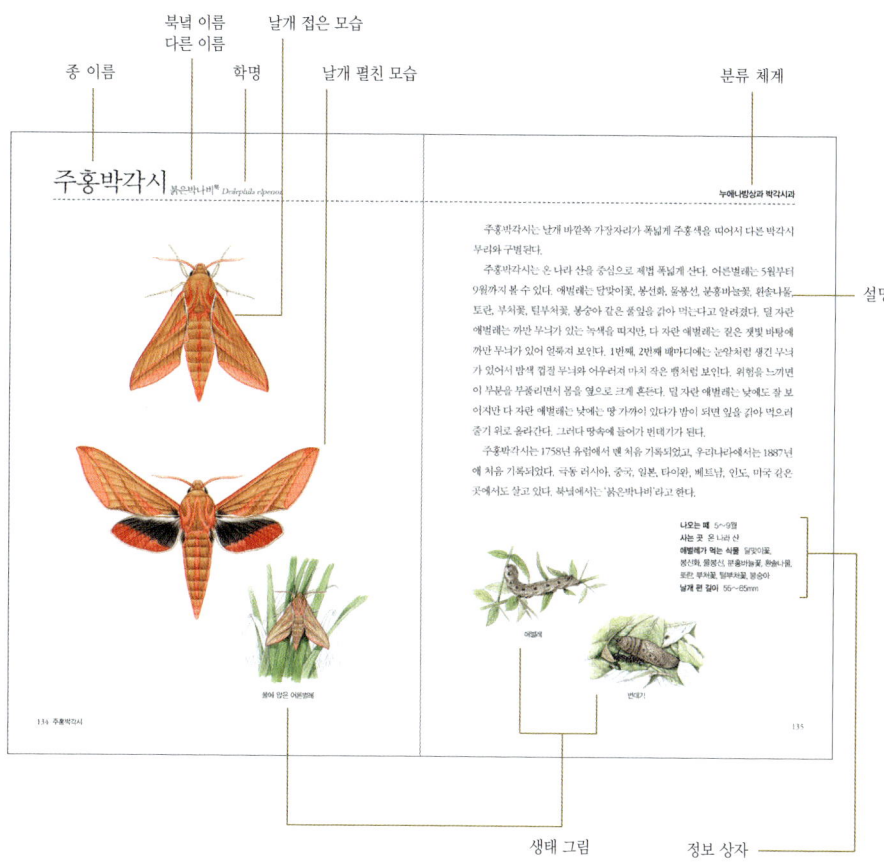

차례

일러두기 4
그림으로 찾아보기 8

1부 나방 이모저모

나방이란? 20
나방 생김새 22
나방 한살이 30
어른벌레 나오는 때 34
어른벌레 사는 곳 40
어른벌레 생태 42
애벌레 생태 44
사람과 나방 46

2부 우리 땅에 사는 나방

끝검은쐐기나방 50
참쐐기나방 52
벚나무모시나방 54
뒤흰띠알락나방 56
알락굴벌레나방 58
흰점무늬상수리창나방 60
깜둥이창나방 62
갈매기부채명나방 64
곡식비단명나방 66
노랑눈비단명나방 68
은무늬줄명나방 70
줄보라집명나방 72
끝알락명나방 74
화랑곡나방 76
마름모무늬풀명나방 78
연물명나방 80
흰물결물명나방 82
네점노랑물명나방 84
은빛들명나방 86
혹명나방 88
회양목명나방 90
목화바둑명나방 92
큰각시들명나방 94
말굽무늬들명나방 96
홀씨무늬들명나방 98
수수꽃다리명나방 100
노랑띠들명나방 102
끝무늬들명나방 104
줄검은들명나방 106
사과나무나방 108

대만나방 110
누에나방 112
반달누에나방 114
긴꼬리산누에나방 116
참나무산누에나방 118
밤나무산누에나방 120
가중나무고치나방 122
왕물결나방 124
갈고리박각시 126
녹색박각시 128
대왕박각시 130
벚나무박각시 132
주홍박각시 134
작은검은꼬리박각시 136
뱀눈박각시 138
뿔나비나방 140
흰뾰족날개나방 142
왕인갈고리나방 144
얼룩갈고리나방 146
남방흰갈고리나방 148
큰갈고리나방 150
제비나방 152
줄노랑얼룩가지나방 154
오얏나무가지나방 156
알락흰가지나방 158
가시가지나방 160
뒷노랑점가지나방 162
불회색가지나방 164
잠자리가지나방 166
흰점고운가지나방 168

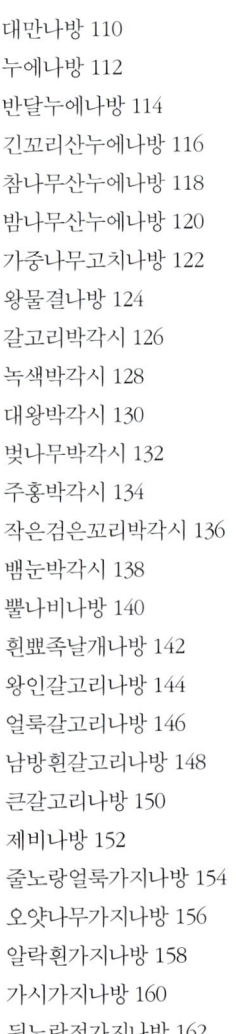

노랑날개무늬가지나방 170
갈고리가지나방 172
유리창가지나방 174
흰그물왕가지나방 176
먹세줄흰가지나방 178
뽕나무가지나방 180
토끼눈가지나방 182
보라끝가지나방 184
노랑제비가지나방 186
니도베가지나방 188
별박이자나방 190
검띠푸른자나방 192
색동푸른자나방 194
네눈박이푸른자나방 196
배노랑물결자나방 198
노랑그물물결자나방 200
까치물결자나방 202
꽃술재주나방 204
왕재주나방 206
기생재주나방 208
남방섬재주나방 210
가중나무껍질나방 212
그물애나방 214
꽃무늬나방 216
활무늬수염나방 218
독나방 220
매미나방 222
흰띠독나방 224
흰무늬왕불나방 226
뒷노랑왕불나방 228

점박이불나방 230
붉은줄불나방 232
목도리불나방 234
애기나방 236
으름큰나방 238
신부짤름나방 240
흰분홍꼬마짤름나방 242
연노랑뒷날개나방 244
왕흰줄태극나방 246
무궁화무늬나방 248
긴수염비행기나방 250
비행기나방 252
큰금무늬밤나방 254
봉인밤나방 256
여왕밤나방 258
탐시버짐밤나방 260
애기얼룩나방 262
기생얼룩나방 264
흰줄까마귀밤나방 266
엉겅퀴밤나방 268
얼룩어린밤나방 270
흰줄이끼밤나방 272
십자무늬밤나방 274
점박이밤나방 276
얼룩무늬밤나방 278
소나무붉은밤나방 280
흰무늬구리밤나방 282
담배거세미나방 284
네줄붉은밤나방 286
호랑무늬밤나방 288

찾아보기

우리 이름 찾아보기 292
학명 찾아보기 296
참고한 책 298
저자 소개 302

그림으로 찾아보기

쐐기나방과

끝검은쐐기나방 50

참쐐기나방 52

알락나방과

벚나무모시나방 54

뒤흰띠알락나방 56

굴벌레나방과

알락굴벌레나방 58

창나방과

흰점무늬상수리창나방 60

깜둥이창나방 62

명나방과

갈매기부채명나방 64

곡식비단명나방 66

노랑눈비단명나방 68

은무늬줄명나방 70

팥알락명나방 74

줄보라집명나방 72

화랑곡나방 76

풀명나방과

마름모무늬풀명나방 78

연물명나방 80

흰물결물명나방 82

네점노랑물명나방 84

은빛들명나방 86

흑명나방 88

회양목명나방 90

목화바둑명나방 92

큰각시들명나방 94

말굽무늬들명나방 96

홀씨무늬들명나방 98

수수꽃다리명나방 100

왕물결나방과

가중나무고치나방 122

왕물결나방 124

박각시과

갈고리박각시 126

녹색박각시 128

대왕박각시 130

벚나무박각시 132

주홍박각시 134

작은검은꼬리박각시 136

뱀눈박각시 138

뿔나비나방과   갈고리나방과

뿔나비나방 140

흰뾰족날개나방 142

왕인갈고리나방 144

얼룩갈고리나방 146

남방흰갈고리나방 148

큰갈고리나방 150

제비나방과   자나방과

제비나방 152

줄노랑얼룩가지나방 154

오얏나무가지나방 156

알락흰가지나방 158

가시가지나방 160

뒷노랑점가지나방 162

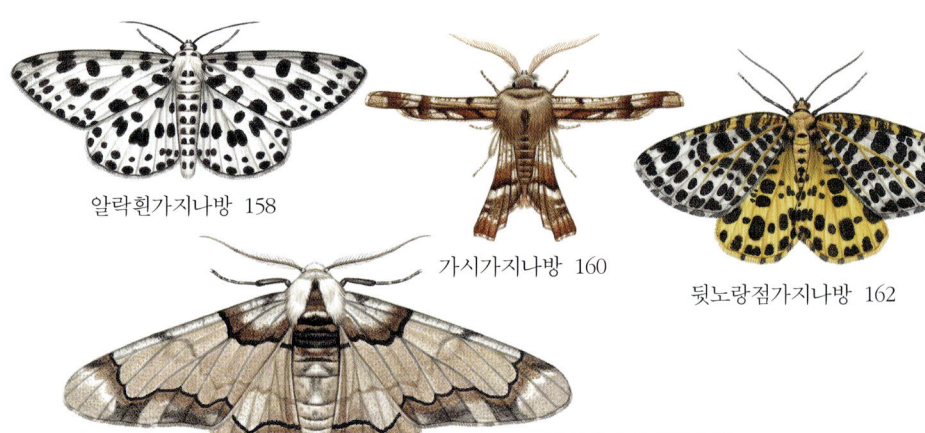
불회색가지나방 164

별박이자나방 190

검띠푸른자나방 192

색동푸른자나방 194

네눈박이푸른자나방 196

배노랑물결자나방 198

노랑그물물결자나방 200

까치물결자나방 202

재주나방과

꽃술재주나방 204

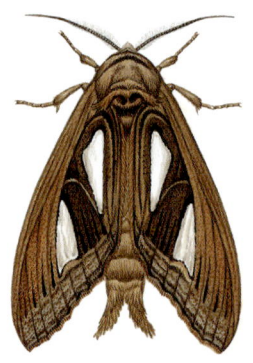
왕재주나방 206

기생재주나방 208

남방섬재주나방 210

혹나방과

가중나무껍질나방 212

그물애나방 214

꽃무늬나방 216

태극나방과

활무늬수염나방 218

독나방 220

매미나방 222

흰띠독나방 224

흰무늬왕불나방 226

뒷노랑왕불나방 228

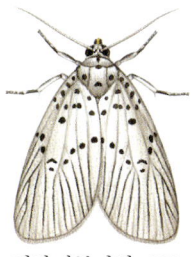
점박이불나방 230

붉은줄불나방 232

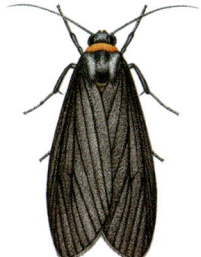
목도리불나방 234

애기나방 236

으름큰나방 238

신부짤름나방 240 　 흰분홍꼬마짤름나방 242

연노랑뒷날개나방 244

왕흰줄태극나방 246 　 무궁화무늬나방 248

비행기나방과

밤나방과

긴수염비행기나방 250 　 비행기나방 252

큰금무늬밤나방 254

봉인밤나방 256

여왕밤나방 258

 탐시버짐밤나방 260
 애기얼룩나방 262
 기생얼룩나방 264

 흰줄까마귀밤나방 266
 엉겅퀴밤나방 268
 얼룩어린밤나방 270

 흰줄이끼밤나방 272
 십자무늬밤나방 274
 점박이밤나방 276

 얼룩무늬밤나방 278
 소나무붉은밤나방 280
 흰무늬구리밤나방 282

 담배거세미나방 284
네줄붉은밤나방 286
 호랑무늬밤나방 288

│ 나방 이모저모 │

1. 나방이란?

　나비와 나방은 모두 나비목에 드는 곤충이다. 일반적으로 몸에 비해 커다란 날개가 두 쌍 있다. 날개가 있는 곤충 무리 가운데 잠자리와 달리 날개를 접어 앉을 수 있고, 한살이 동안 갖춘탈바꿈을 하는 곤충 무리 가운데 하나이다. 억센 털이 납작하게 바뀐 비늘가루가 날개와 몸, 주둥이를 거의 다 덮고 있다. 비늘가루는 나방마다 다양한 색깔과 무늬를 나타내며, 가까운 친척인 날도래목과 구분 짓는 중요한 특징이다. 나비 영어 이름인 'moth'는 '구더기'를 뜻하는 고대 영어 'moððe'에서 유래했다.

　흔히 '낮에 날아다니는 것은 나비, 밤에 날아다니는 것은 나방'이라고 한다. 나방은 거의 밤에 나오지만 낮에만 나와 돌아다니거나, 저물녘에만 나오는 나방도 꽤 있다. 또 흔히 '색깔이 예쁘면 나비, 그렇지 않으면 나방'이라고도 한다. 하지만 나비만큼 색깔이 화려하거나 무늬가 잘 발달한 나방도 많다. 우리나라에서 나비와 나방을 맨눈으로 볼 때 더듬이 끝부분이 공처럼 둥글게 부푼 무리를 '나비', 그렇지 않은 무리를 '나방'이라고 한다. 분류에서는 나비목 가운데 호랑나비상과에 속하면 '나비', 그 나머지 상과에 속하면 '나방'이라 한다.

　온 세계에 알려진 생물 가운데 약 10%인 180,000종쯤이 나비목 곤충으로 알려져 있다. 180,000종쯤 되는 나비목 곤충 가운데 나비는 10%쯤 되는 18,000종이고, 나방은 90%쯤을 차지한다. 그래서 나비목 곤충 대부분은 나방이라고 할 수 있다. 우리나라에는 20,700종쯤 되는 곤충이 산다. 그 가운데 나비목 곤충은 28상과(上科, Superfamily) 76과(科, Family) 1,671속(屬, Genus) 4,502종쯤이 알려져 있다. 나방은 딱정벌레목, 벌목 다음으로 종이 많다. 그 가운데 호랑나비상과에 속하는 5과 288종만 '나비'라고 하고, 나머지 27상과 71과 4,214종이 '나방'이다. 하지만 최근 연구에 따라 학명과 분류가 바뀌고 있다. 최근에 불나방과와 독나방과가 태극나방과로 통합되기도 했다.

　날도래목과 나비목의 공통 조상은 2억 1천만 년~2억 1백만 년 전쯤인 트라이아스기와 쥐라기 경계 시기에 지구에 처음 나타났다. 나방은 쥐라기 초기인 1억 9,000만 년 전쯤에 처음 나타났다고 한다. 덥고 건조한 트라이아스기 날씨에 적응하는 과정에서 주둥이가 발달한 것으로 추정한다. 그 뒤로 나비목 곤충들은 1억 4,500만 년 전부터 6,600만 년 전 기간인 백악기에 속씨식물이 나타나면서 주둥이가 길게 진화했고, 나비류는 팔레오세 기간인 5,600만 년쯤에 나타난 것으로 알려졌다.

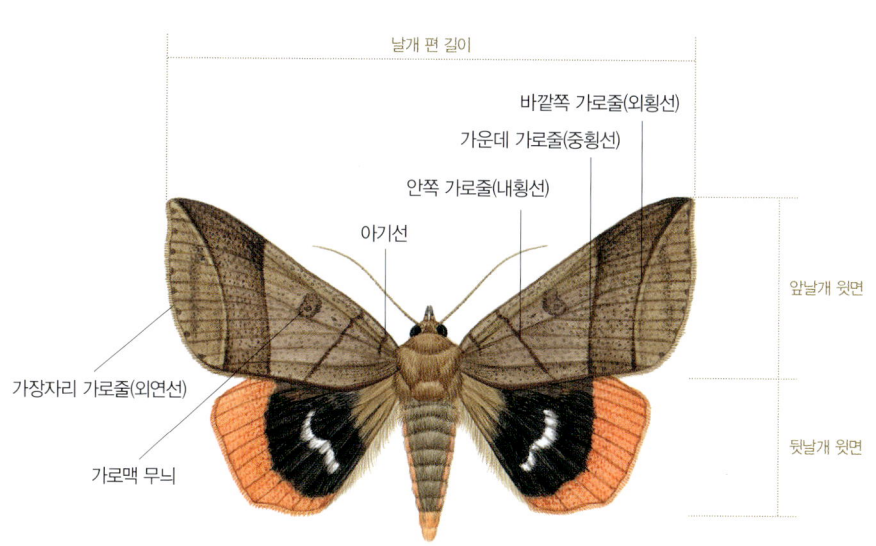

2. 나방 생김새

나방은 나비나 여느 곤충처럼 몸이 머리, 가슴, 배로 나뉜다. 머리에는 겹눈과 더듬이, 입이 있고, 가슴에는 일반적으로 커다란 날개 2쌍과 다리 3쌍이 있다. 몸은 가늘고 길쭉하고 원통처럼 생겼다. 살갗은 보들보들하고, 비늘가루나 털이 빽빽하게 덮여 있다.

1) 어른벌레 생김새

머리

나방 머리에는 겹눈과 입, 더듬이가 있다. 입은 아래쪽에 있고, 머리는 거의 겹눈이 차지한다. 겹눈은 많은 육각형 낱눈이 모여 이루어진다. 명암을 구분하는 홑눈은 무리에 따라 있거나 없다. 겹눈과 달리 단순하고 매우 작으며 대개 더듬이 아랫부분인 겹눈 위쪽 가장자리에 있다. 아랫입술수염에는 먹이를 먹을 때 도움을 주는 감각기가 있다. 아랫입술수염은 나방 무리에 따라 생김새와 마디 숫자가 달라서 중요한 분류 특징이 된다. 뿔나방 무리처럼 머리 위쪽까지 위로 크게 휘어지기도 하고, 풀명나방 무리처럼 앞으로 뻗거나 좀나방 무리처럼 아래로 처지기도 한다. 또 거의 모두 빨대주둥이가 있지만 박쥐나방 무리, 꼬마굴나방 무리, 곡식좀나방처럼 짧거나 퇴화한 나방도 있다. 빨대주둥이가 비늘가루로 덮였는지 아닌지도 중요한 분류 특징이다. 여러 가지 감각 수용기가 있는 더듬이는 여러 마디로 이루어지며, 생김새나 길이 따위가 중요한 분류 특징이 된다. 긴수염나방 무리처럼 더듬이가 앞날개 길이보다 1.5~3배에 이를 만큼 길기도 하고, 박쥐나방 무리처럼 매우 짧기도 하다. 또한 곡식좀나방 무리처럼 채찍마디에 있는 비늘가루 열이 몇 줄인가에 따라 과(科)가 달라지기도 한다. 맨눈으로 볼 때 실 모양과 톱니 모양, 아가미 모양은 잘 구분되지 않을 때가 많지만 뿔나방 무리, 잎말이나방 무리 같은 크기가 작은 나방 무리는 거의 다 실 모양이다. 그리고 두 줄 빗살 모양인 재주나방 무리, 암컷이 깃털 모양인 산누에나방 무리, 밑마디에서 끝부분으로 갈수록 뚱뚱해지고, 끝부분이 작은 갈고리처럼 생긴 박각시 무리는 제법 쉽게 구별된다. 그리고 자나방 무리, 재주나방 무리 같이 수컷이 두 줄 빗살 모양, 암컷이 실 모양으로 수컷과 암컷이 다른 나방도 있다. 잎말이나방 무리, 자나방 무리 같은 나방은 뒷머리에 털다발이 있다. 이 털다발을 '털융기'라고 한다. 이 털다발도 일종의 감각을 느끼는 기관이다.

머리 구조

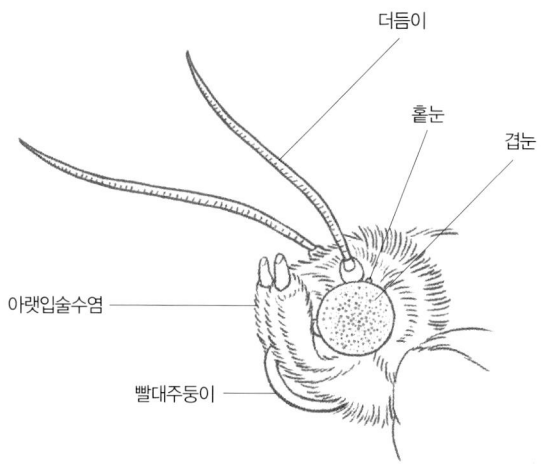

더듬이 생김새

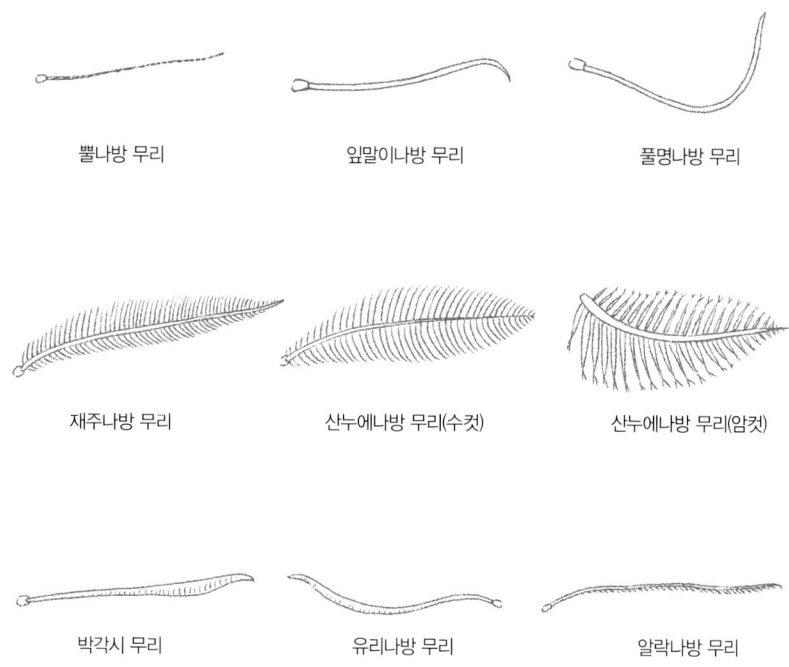

가슴

　가슴은 다른 곤충처럼 앞가슴, 가운데가슴, 뒷가슴 3마디로 나뉜다. 마디마다 다리가 1쌍씩 있다. 그리고 가운데가슴과 뒷가슴에 날개가 1쌍씩 붙어 있다. 가슴 겉에는 대부분 비늘가루와 센털이 덮여 있지만 종을 구별할 만한 특징은 뚜렷하지 않다.

날개

　나방은 나비와 달리 앞날개와 뒷날개가 작은 고리로 이어져 있다. 나비는 앞날개와 뒷날개가 떨어져 있다. 나방도 나비처럼 날개에 종을 구별 짓는 중요한 특징이 많다. 물론 날개에 무늬가 거의 없는 뿔나방 무리처럼 크기가 작은 미소나방이나 날개 무늬로만 확실히 구분하기 어려운 비슷한 종은 생식기 특징을 살펴보고 종을 구별해야 한다.

　나방은 대부분 날개가 2쌍 있는데 거의 앞날개가 뒷날개보다 크다. 앉아 있을 때 앞날개가 전체 뒷날개를 모두 가리거나, 거의 가리기 때문에 위협을 받거나 날 준비를 할 때만 뒷날개가 드러난다. 또한 날개들이 배 전체를 덮고 있는지, 일부만 덮고 있는지에 따라 과(科)를 나누는 특징이 되기도 한다. 겨울가지나방 무리 암컷처럼 날개가 퇴화해 날개 전체가 없는 나방도 있다.

　나방은 거의 모두 날개를 펼친 채 쉬지만, 자나방류 몇몇 종은 잠깐씩 나비처럼 날개를 위로 접고 쉬기도 하고 가시가지나방, 비행기나방 무리처럼 날개를 움츠린 뒤 쉬기도 한다.

　나방 날개는 생김새도 다르고 날개에 있는 무늬, 가로줄들이 저마다 여러 가지다. 앞날개 앞쪽 가장자리에서 뒤쪽 가장자리로 뻗은 가로줄은 뿌리 쪽부터 차례로 아기선, 안쪽 가로줄(내횡선), 가운데 가로줄(중횡선), 바깥쪽 가로줄(외횡선), 가운데 가장자리 가로줄(아외연선), 가장자리 가로줄(외연선)이라고 한다. 또 날개에 콩팥 무늬, 점 무늬, 짧은 줄무늬, 가락지 무늬, 눈알 무늬가 나타나기도 한다.

　긴꼬리산누에나방, 검은띠쌍꼬리나방, 두줄제비나비붙이 같은 나방은 뒷날개에 꼬리처럼 생긴 돌기가 있다.

가슴

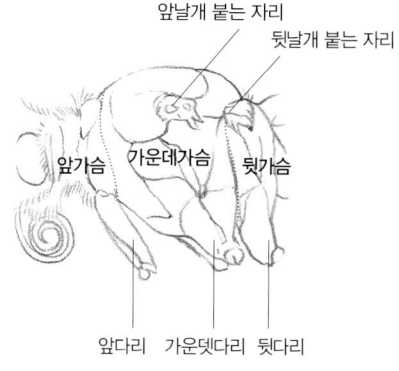

앞날개 붙는 자리
뒷날개 붙는 자리
앞가슴
가운데가슴
뒷가슴
앞다리
가운뎃다리
뒷다리

날개

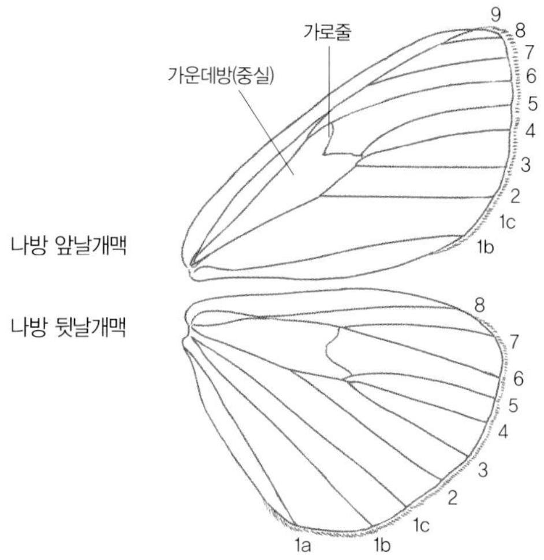

가로줄
가운데방(중실)
9
8
7
6
5
4
3
2
1c
1b
나방 앞날개맥
나방 뒷날개맥
8
7
6
5
4
3
2
1c
1a
1b

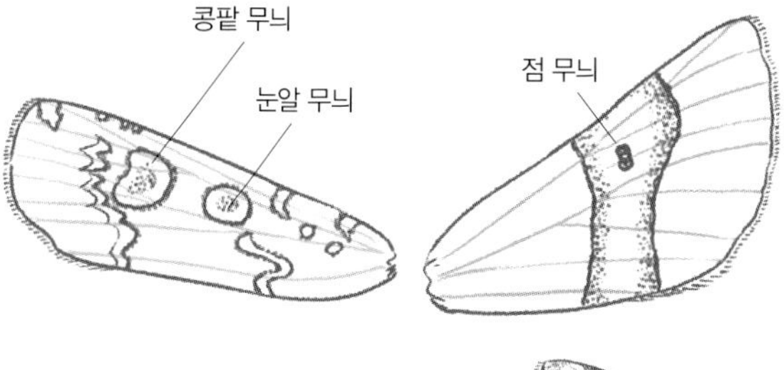

콩팥 무늬
눈알 무늬
점 무늬

나방 가운데방 무늬

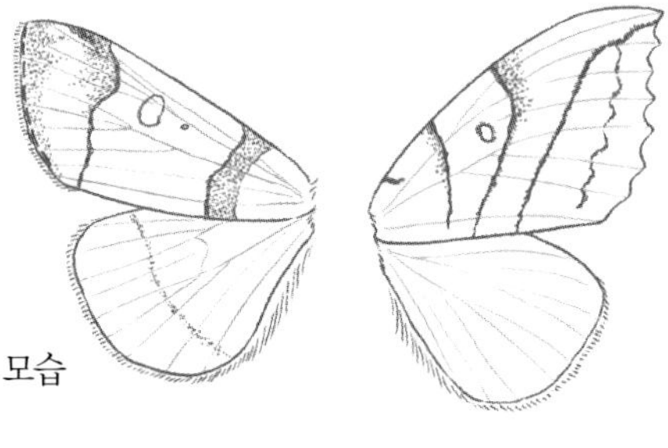

나방 앞날개, 뒷날개 연결 모습

다리

나비목 곤충은 메뚜기 무리처럼 잘 뛰어다니거나, 길앞잡이 무리처럼 빠르게 기어 다니지는 못하지만, 관절로 이루어진 잘 발달한 다리가 세 쌍 있다. 다리 겉은 거의 비늘가루와 센털로 덮였고, 가늘고 긴 편이다.

다리는 크게 밑마디(기절), 도래마디(전절), 넓적다리마디(퇴절), 종아리마디(경절), 발마디(부절) 다섯 부분으로 나눈다. 발마디는 끝발마디(전부절)를 포함해 모두 5마디이다. 종(種)이나 과(科)에 따라 발마디를 뺀 각 마디에 전단가시털(preapical bristle)이 듬성듬성 나 있기도 하고, 종아리마디 끝부분에 며느리발톱이 있다. 종아리마디에는 작은 떨림을 느끼고 증폭하는 무릎아래 기관이 포함되어 있다. 발마디 맨 끝부분에는 갈고리처럼 생긴 앞발마디 발톱이 1쌍 있다. 일부 과(科)에서는 발톱 사이에 있는 반받침과 발톱 밑받침이 짧거나 없어 과를 구별하는 데 도움이 된다.

배

배는 일반적으로 10개 마디로 이루어져 있으며, 끝부분으로 갈수록 가늘어진다. 각 마디 끝부분은 신축성 있는 막으로 이어져 있다. 첫 번째 배마디는 보통 가려져서 안 보이고, 끄트머리 9~10번째 배마디는 바깥으로 드러나 있는 수컷과 암컷 생식기로 바뀌었다. 생식기는 종마다 생김새가 달라서 종을 구분할 때 중요하다.

배 앞부분 아랫면에는 소리를 듣는 청각 기관인 고막 기관이 있다. 고막은 첫 번째 배마디 숨구멍과 이어져 있고, 뒷가슴 신경과 이어져서 소리를 듣는다. 이 고막으로 박쥐가 내는 초음파 소리를 듣고 몸을 피한다. 그리고 꽃술재주나방처럼 배 끝에 털 뭉치가 달려 있거나, 냄새를 내는 기관이 있기도 하다.

다리

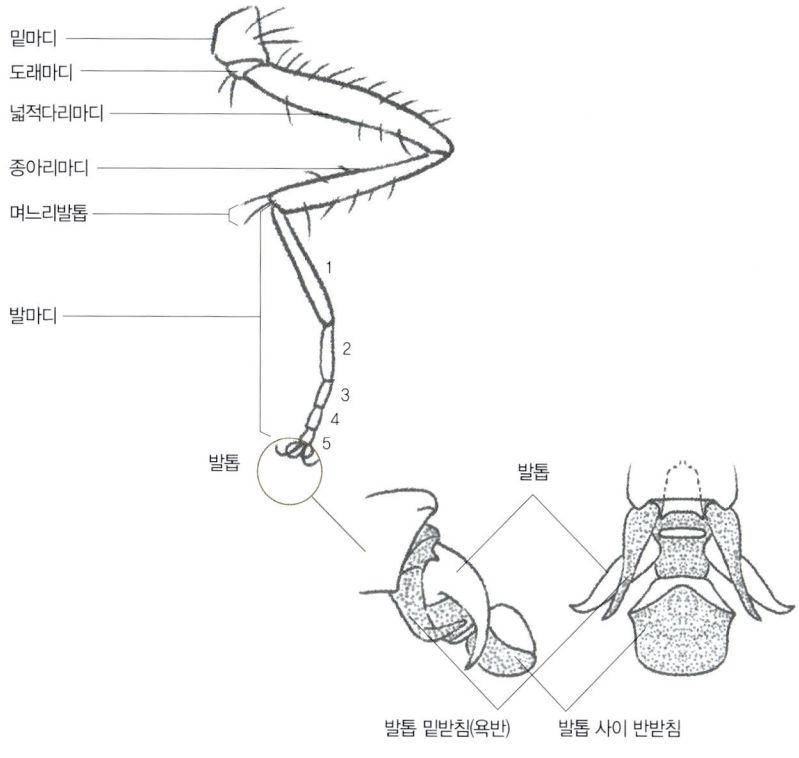

배

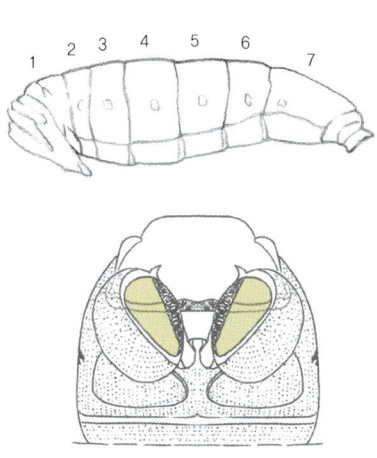

나방 배 고막 기관

2) 애벌레 생김새

　나방 애벌레 몸은 딱딱한 머리, 가슴 3마디, 배 10마디로 나뉘었다. 몸은 길쭉한 원통처럼 생겼고 말랑말랑한 몸통을 가지고 있다. 하지만 쐐기나방 무리 애벌레는 몸통이 타원형으로 생겼다. 가슴에는 짧은 가슴다리가 3쌍, 배에는 배다리 4쌍, 꼬리 배다리 1쌍이 있다.

　머리는 부드러운 가슴과 배와 달리 딱딱하게 바뀌었다. 앞에서 보면 거꾸로 된 'Y'자 모양으로 머리가 나뉘어 있다. 겹눈은 크게 발달해 있고, 겹눈 아래에서 입 둘레로 옆홑눈 6개가 둥그스름하게 있다. 그 아래 양쪽 가장자리에 죽순처럼 생긴 짧은 더듬이가 있다. 입은 큰턱이 잘 발달해서 먹이를 씹어 먹는다. 그 안쪽으로 반달처럼 생긴 윗입술이 있다. 몇몇 애벌레는 윗입술에 있는 실샘에서 실을 내어 고치와 숨을 곳을 만든다.

　가슴은 어른벌레와 마찬가지로 앞가슴, 가운데가슴, 뒷가슴 3마디로 나뉜다. 마디마다 다리가 1쌍씩 있으며, 다리 끝에는 매우 뾰족한 발톱이 있다. 3~6번째 배마디와 끝마디에는 대부분 가슴다리보다 통통한 배다리들이 있다. 자나방 무리는 배다리가 5쌍을 넘지 않고, 쐐기나방 무리는 배다리가 없기도 해서 무리마다 차이가 크다. 가슴다리는 날개돋이하면 다리 세 쌍이 되고, 배다리는 어른벌레가 되면 없어진다. 그리고 일반적으로 이들 배다리 끝부분에는 잎이나 줄기를 붙잡는데 필요한 갈고리발톱이 여러 개 있지만, 잎 속에서 잎살을 먹는 애벌레들은 갈고리발톱이 없기도 하다. 배 옆구리에는 8번째 마디까지 숨구멍이 있다.

　애벌레 종류마다 센털들이 많기도 하고, 돌기가 크게 돋기도 하며, 특별한 무늬가 나타나기도 한다. 풀명나방 같은 무리는 센털들이 가늘고 작아 잘 보이지 않지만, 꽃술재주나방처럼 센털이 긴 가시처럼 돋기도 하고, 흰제비불나방처럼 긴 털이 빼곡하기도 하다. 산누에나방 무리, 쐐기나방 무리 들은 '쐐기형 털'이라고 하는 독이 있는 털이 있다. 그리고 박각시 무리, 갈고리나방 무리처럼 배 끝부분에 큰 돌기처럼 생긴 꼬리돌기가 있는 애벌레도 있다.

긴꼬리산누에나방 애벌레

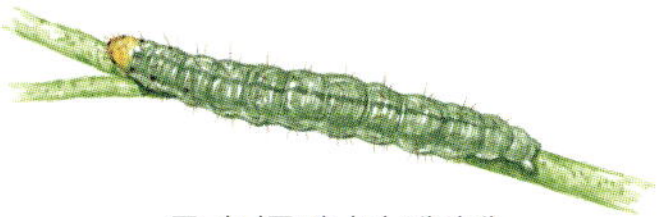

큰각시들명나방 애벌레

뒤흰띠알락나방 애벌레

뱀눈박각시 애벌레

꽃술재주나방 애벌레

독나방 종령 애벌레

3. 나방 한살이

나방은 나비처럼 알, 애벌레, 번데기를 거쳐 어른벌레가 되는 '갖춘탈바꿈' 곤충으로 한살이는 나비 무리와 크게 다르지 않다.

짝짓기

어른벌레와 애벌레는 생김새가 전혀 다르다. 어른벌레는 날개도 생기고 입은 거의 나무 수액이나 꽃꿀을 빨기 좋게 길쭉한 빨대처럼 생겼다. 수컷과 암컷은 서로 거꾸로 앉아 꽁무니를 맞대고 짝짓기한다. 수컷은 암컷보다 일찍 어른벌레가 되고, 암컷 어른벌레가 나타나기를 기다린다. 겨울에 나오는 겨울가지나방 무리처럼 거의 모든 암컷은 페로몬을 뿜어서 수컷을 부른다. 하지만 나라 밖에 사는 태극나방과에 속한 *Syntomeida epilais*처럼 몇몇 종은 소리나 진동을 일으켜서 수컷을 부른다고 알려졌다. 우리나라 나방은 거의 1년에 1번 짝짓기하며, 알을 낳은 뒤 얼마 지나지 않아 죽는다. 화랑곡나방처럼 애벌레가 갈무리한 곡식을 먹는 종들은 1년에 여러 번 짝짓기한다.

알

짝짓기를 마친 암컷은 본능적이거나 화학적 경로를 통해 먹이식물이나 알을 낳기 좋은 곳을 찾아간다. 암컷은 하나씩 여러 곳에 낳거나, 몇 개 알을 뭉쳐 낳기도 하고, 어떤 무리는 알 덩어리로 낳기도 한다. 암컷 한 마리가 많게는 수백~수천 개씩 알을 낳기도 하며, 노랑털알락나방처럼 꼬리털 따위를 붙여 알 덩어리를 숨기기도 한다. 대체로 먹이식물에 알을 낳지만, 매미기생나방처럼 매미 무리나 날개매미충 무리 살갗에 알을 낳기도 하고, 꿀벌부채나방처럼 벌집을 먹고 사는 나방은 벌집에 알을 낳는다. 등불에 모인 나방은 때때로 벽면처럼 아무 곳에 낳기도 한다. 알은 대부분 1mm 정도로 작다. 또 빛깔도 흰색, 옅은 녹색, 청록색, 밤색처럼 여러 가지 빛깔을 띤다. 생김새는 반구형, 원추형, 원통형, 원형으로 다양하다.

짝짓기

점박이불나방 짝짓기

애기얼룩나방 짝짓기

알

천막벌레나방 알

멧누에나방 알

밤나무산누에나방 알

애벌레

애벌레는 커 가면서 껍질을 벗고 탈바꿈할 때마다 생김새나 몸집이 바뀐다. 이렇게 생김새가 다른 애벌레 시기를 '령'이라고 한다. 나방은 대부분 5령을 거치며 큰다. 애벌레 몸빛은 저마다 다르다. 풀이나 나뭇잎에 감쪽같이 숨을 수 있는 풀색 몸빛을 가진 애벌레도 있고, 오히려 눈에 잘 띄는 붉은색 몸빛이나 긴 털이 빼곡히 있어 독이 있다고 알리는 애벌레도 있다. 박각시 무리처럼 배 끝에 긴 뿔처럼 생긴 꼬리돌기가 있기도 하다. 사는 곳도 다양하다. 먹이식물 잎 윗면이나 뒷면에 있을 때가 많지만, 잎말이나방 무리처럼 잎을 접거나 해서 숨을 곳을 만드는 무리도 있고, 유리나방 무리처럼 나무속을 파먹는 무리도 있다. 애벌레는 거의 혼자 지내지만 미국흰불나방 애벌레처럼 수십~수백 마리씩 모여 애벌레 시기를 보내는 종도 많다. 애벌레는 허물을 벗으면서 몸집이 커지고, 벗은 허물은 자기가 먹어 치운다. 그렇게 점점 몸집이 커지다가 마지막에 번데기가 된다.

번데기

나방 애벌레는 땅속 같은 곳에서 번데기가 되거나 고치나 실로 숨을 곳을 만들어 번데기가 된다. 번데기가 되면 겉이 딱딱해지고 꼼짝을 못 한다. 기생벌이나 노린재 따위가 노리고 다가와도 어쩌지 못한다. 그래서 눈에 안 띄는 빛깔을 띠거나 안전한 곳을 찾아 번데기가 된다. 번데기가 되는 시기는 무리마다 다르다. 늦가을에 번데기가 되면 번데기로 겨울나기를 하고, 이듬해 봄에 어른벌레가 된다.

애벌레

왕인갈고리나방 1령 애벌레

왕물결나방 애벌레 3령 4령 5령

큰각시들명나방 애벌레 집

먹세줄흰가지나방 애벌레와 애벌레 집

흰점무늬상수리창나방 애벌레 집

번데기

뒷노랑점가지나방 번데기

가중나무껍질나방 번데기

가중나무고치나방 고치

긴꼬리산누에나방 번데기 집

참나무산누에나방 고치

4. 어른벌레 나오는 때

우리나라에서 나방 어른벌레가 활동하는 시기는 나비보다 길다. 어른벌레로 겨울나기를 하는 나비들도 겨울이 되면 활동하지 않지만, 겨울자나방 무리 같은 나방 어른벌레는 겨울에도 활동한다.

늦은 겨울~이른 봄(2~4월 초)

나방 어른벌레가 활동하는 시기는 나비 어른벌레보다 대체로 빠른 것 같다. 봄 새잎이 나기 전이나 봄꽃이 피기 전에 등불을 켜면 가시가지나방, 몸큰가지나방, 봄가지나방 같은 자나방과에 속한 가지나방 무리, 뒷흰얼룩물결자나방, 노랑무늬물결자나방, 얇은띠잔날개물결자나방 같은 물결자나방 무리, 가흰밤나방, 선녀밤나방, 이른봄밤나방 같은 밤나방 무리, 눈썹무늬잎말이나방, 침무늬잎말이나방 같은 잎말이나방 무리, 뾰족날개나방 같은 뾰족날개나방 무리 들을 만날 수 있다.

봄(4월 중순~5월 말)

꽃이 피고, 새잎이 돋는 따스한 봄 시기가 오면 번데기로 겨울을 난 나방들이 날개돋이해 어른벌레가 된다. 종종 지난해 늦가을에 어른벌레가 되어 겨울나기를 한 나방들도 함께 보인다. 또 5월에 날개돋이한 나방들은 여름까지 만날 수도 있다. 3월 말~4월 초 한낮에 버드나무류 꽃 핀 곳을 찾아가면, 낮에만 나오는 버들긴수염나방을 만날 수 있다. 5월에 여러 나무 꽃을 찾아가면 얼룩나방, 애기얼룩나방 같은 낮에 꽃꿀을 빠는 나방들을 만날 수 있다. 밤에 등불을 켜면, 늦은 오후에 활발히 활동하고, 등불에도 찾아오는 비단긴수염나방, 그리고 백송애기잎말이나방, 긴주름잎말이나방 같은 몇몇 잎말이나방 무리, 노랑점수염나방 같은 몇몇 태극나방 무리, 흰뒷날개밤나방, 각시밤나방 같은 몇몇 밤나방 무리, 흰점가지나방, 흰띠가지나방 같은 몇몇 가지나방 무리, 선녀애기물결자나방, 쌍봉꼬마물결자나방, 황갈물결자나방 같은 몇몇 물결자나방 무리가 보인다. 봄재주나방, 멋쟁이뾰족날개나방은 이때가 지나면 만나기 어렵다.

늦은 겨울 ~ 이른 봄

대왕박각시

가시가지나방

봄

얼룩무늬밤나방

애기얼룩나방

비행기나방

왕흰줄태극나방

여름(6~8월)

늦봄에 나온 나방들과 여름에 날개돋이한 나방들을 함께 만날 수 있고, 나비 무리처럼 가장 다양한 나방들을 만날 수 있는 때이다. 우리나라에서 알려진 71과 나방 무리를 거의 모두 만날 수 있다. 대부분 밤에 나와 돌아다니지만 잠자리가지나방, 별박이자나방, 황다리독나방처럼 낮에 숲 가장자리를 날아다니고, 등불에 모이는 종들도 있다. 4월부터 나와 6월까지 보이거나, 6월부터 나와 9월까지 보이는 종이 많지만, 여름이 지나면 만나기 어려운 종들이 있다. 표고버섯좀나방 같은 몇몇 좀나방 무리, 구슬무늬원뿔나방, 왕원뿔나방 같은 몇몇 원뿔나방 무리, 세미창날개뿔나방 같은 몇몇 창날개뿔나방 무리, 산빗줄뿔나방, 사다리털수염뿔나방, 가평상수리뿔나방 같은 몇몇 뿔나방 무리, 노랑줄애기잎말이나방 같은 몇몇 애기잎말이나방 무리, 회색굴벌레나방 같은 굴벌레나방 무리, 털보다리유리나방 같은 대부분 유리나방 무리, 참쐐기나방 같은 거의 모든 쐐기나방 무리, 흰점무늬상수리창나방 같은 거의 모든 창나방 무리, 줄보라집명나방 같은 거의 모든 집명나방 무리, 갈매기부채명나방 같은 몇몇 부채명나방 무리, 애기솔알락명나방 같은 몇몇 알락명나방 무리, 굵은띠비단명나방 같은 몇몇 비단명나방 무리, 뒷무늬노랑물명나방 같은 몇몇 물명나방 무리, 은빛들명나방 같은 몇몇 들명나방 무리, 왕뾰족날개나방 같은 몇몇 뾰족날개나방 무리, 솔송나방 같은 몇몇 솔나방 무리, 산왕물결나방과 산골누에나방, 아시아갈고리박각시 같은 몇몇 박각시 무리, 토끼눈가지나방 같은 몇몇 가지나방 무리, 색동푸른자나방 같은 몇몇 푸른자나방 무리, 배노랑물결자나방 같은 몇몇 물결자나방 무리, 왕재주나방 같은 재주나방 무리, 좀불나방 같은 몇몇 불나방 무리, 세모무늬잎짤름나방 같은 몇몇 짤름나방 무리, 북방노랑뒷날개나방 같은 뒷날개나방 무리, 붉은띠수염나방 같은 수염나방 무리, 황다리독나방 같은 몇몇 독나방 무리, 긴수염비행기나방 같은 몇몇 비행기나방 무리, 벼금무늬밤나방, 꼬마봉인밤나방, 제주어린밤나방, 부들속밤나방 같은 몇몇 밤나방 무리는 6~8월에만 보이기 때문에 여름이 지나면 만나기 어렵다.

여름

가을(9~11월)

　더위가 물러간 가을이 오면 늦여름에 날개돋이한 나방들과 가을에 주로 보이는 나방들을 함께 볼 수 있다. 또 10월 중순 넘어선 늦가을에는 가을에만 볼 수 있는 나방들이 보인다. 하지만 여름에 보이는 나방보다는 더 적게 보인다. 따스한 한낮에 노랑털알락나방이 무리 지어 날기도 하고, 여름부터 나타난 작은검은꼬리박각시 같은 벌새와 닮은 나방들이 낮에 꽃꿀을 찾아 이리저리 날아다니기도 한다. 하지만 거의 모든 나방은 밤에 나와 돌아다닌다. 밤에 등불을 켜면 가을노랑가지나방, 니도베가지나방, 참나무겨울가지나방 같은 가지나방 무리, 가을녹색밤나방, 가을흰별밤나방, 가을검은밤나방, 귤빛밤나방, 네줄붉은밤나방, 꼬마복숭아밤나방, 노랑무늬밤나방 같은 밤나방 무리, 빗살수염재주나방 같은 재주나방 무리, 눈썹무늬잎말이나방 같은 잎말이나방 무리, 가는줄애기물결자나방 같은 물결자나방 무리, 그리고 솔개사시나방 같은 솔나방 무리를 만날 수 있다.

겨울(12월~이듬해 2월)

　겨울에는 늦가을보다 만날 수 있는 나방이 더 적어진다. 등불을 켠다고 매번 나방을 만날 수 있는 것도 아니다. 되도록 온도가 급격히 떨어지지 않는 날들이 며칠 동안 이어지고, 바람이 적은 날에 여름보다 오랫동안 등불을 밝히면 나방을 볼 수 있는 기회가 많아진다. 때로는 숲속이나 숲 가까이에 숙소를 정하고, 등불을 켠 뒤 새벽까지 시간 간격을 정해 띄엄띄엄 관찰할 때도 있다. 이른 겨울에는 11월에 나온 흰띠겨울자나방, 북방겨울자나방, 얇은날개겨울자나방, 검은점겨울자나방 같은 겨울자나방 무리, 큰겨울물결자나방 같은 겨울물결자나방 무리가 12월까지 보인다. 또 10월부터 보이는 참나무겨울가지나방, 줄점겨울가지나방, 겨울물결자나방, 빗살수염재주나방, 꼬마복숭아밤나방, 세점무지개밤나방, 산무늬밤나방 같은 나방을 12월 한겨울에 만날 수 있다.

가을

작은검은꼬리박각시

니도베가지나방

네줄붉은밤나방

겨울

참나무겨울가지나방

5. 어른벌레 사는 곳

나방은 물가에서부터 한라산 꼭대기 같은 높은 산까지 우리나라에 안 사는 곳이 없다. 바닷가 늪에서는 애벌레가 물에서 자라는 부들을 먹는 부들속밤나방 같은 나방이 살고, 저수지에서는 물에서 자라는 가래 따위를 먹는 연물명나방, 풀밭에서는 여러 가지 풀을 먹는 잔디풀명나방, 논에서는 좀개구리밥 따위를 먹는 얼룩애기물명나방, 밭에서는 콩 종류를 먹는 콩명나방, 숲 가장자리에서는 잠자리가지나방, 숲에서는 매미나방, 한라산 꼭대기에서는 깊은숲밤나방 같은 나방을 볼 수 있다. 그 가운데 먹이식물이 가장 다양한 산림 지역에서 가장 많은 나방을 볼 수 있다.

나방들은 나비와 달리 전체 분포 범위, 먹이식물 같은 생태가 자세히 알려지지 않은 종들이 많지만, 나방도 나비처럼 사는 곳이 먹이식물 분포와 백두대간 줄기와 밀접한 관계가 있는 것으로 보인다.

나방도 애벌레가 살았던 곳에서 크게 벗어나지 않는다. 거의 모든 나방 애벌레들은 저마다 갉아 먹는 식물이 따로 있다. 그래서 애벌레가 먹는 식물 분포를 알면 나방이 어디서 살 수 있는지 짐작할 수 있다. 애벌레가 꿀벌이나 말벌 같은 벌집에 기생하는 것으로 알려진 벌집부채명나방, 새 깃털을 먹는 곡식좀나방과 무리도 있지만, 거의 식물을 먹고 산다.

우리나라 식물 분포는 8개 지역으로 나뉘는데, 이것을 '아구(亞區)'라고 한다. 남녘에는 5개 아구가 있다. 경기도, 강원도, 경상북도 몇몇 곳을 묶어 '중부아구', 충청도와 전라도, 경상도 몇몇 곳을 묶어 '남부아구', 서해5도와 남부 바닷가를 묶어 '남해안아구', 제주도만 따로 '제주도아구', 그리고 울릉도 지역을 묶어 '울릉도아구'로 나눈다. 하지만 애벌레가 먹는 식물이 있다고 꼭 나방을 볼 수 있는 것은 아니다. 먹이식물이 뽕나무, 사과나무 등으로 알려진 은빛들명나방은 현재 전라남도와 경상남도 바닷가와 섬, 제주도에서만 관찰 기록이 있다.

요즘에는 길 잃은 나비처럼 나방도 나라 밖에서 날아와 관찰된 종도 여럿 있다. 앞으로 기후 변화, 도시화 등에 의해 온도가 높아지거나, 배를 타고 오는 것처럼 우리나라에서 관찰되는 길 잃은 나방이 많아질 것으로 보인다.

저수지 　　　숲 　　　숲 가장자리

연물명나방　　매미나방　　잠자리가지나방

길 잃은 나방

열대거세미나방　　큰남방제비나방

우리나라 식물 분포

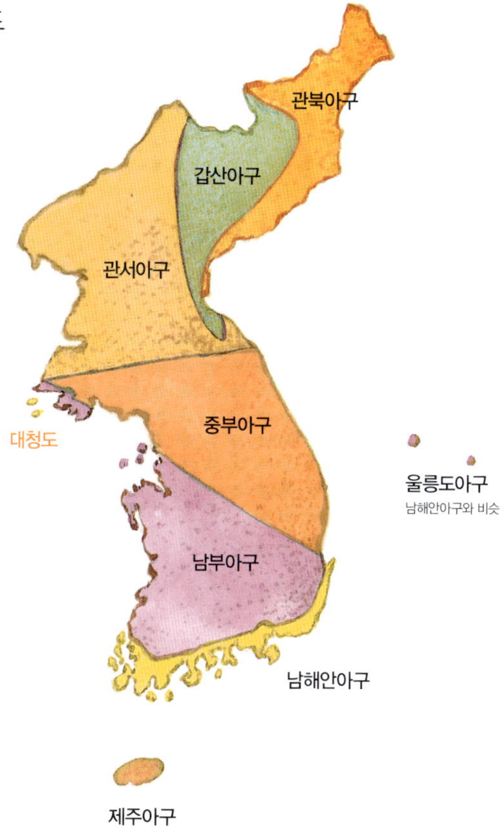

관북아구
갑산아구
관서아구
대청도
중부아구
울릉도아구
남해안아구와 비슷
남부아구
남해안아구
제주아구

6. 어른벌레 생태

보호색

    나방 애벌레나 어른벌레를 먹이로 하는 동물들은 무수히 많다. 나방 어른벌레는 대부분 밤에 나오는 야행성임에도 불구하고 낮에 돌아다니는 천적들에게 쉽게 공격당한다. 이 때문에 밝은 낮에 시력이 좋은 새 같은 천적을 피하기 위한 방어 전략이 필요하다. 또 밤이라고 안전한 것은 아니다. 밤에 나오는 올빼미 같은 새, 고양이 같은 젖먹이동물, 두꺼비 같은 양서류들도 나방을 좋아한다. 밤에 등불이 켜진 곳을 가면 고양이나 두꺼비를 종종 만난다.

    그래서 나방 어른벌레는 자기 몸을 지키기 위해 둘레 환경이나 배경을 닮은 몸 빛깔을 띠어 천적들을 피한다. 그래서 그런지 나방 애벌레들은 나뭇잎을 닮아 녹색이나 연두색을 많이 띠고, 어른벌레는 나무껍질과 닮은 무늬와 색깔을 가진 종류들이 많다.

    산에 사는 나방 어른벌레를 보면 윗면 색깔과 무늬가 나무껍질과 무척 비슷한 색깔과 무늬를 띤 종류가 많다. 새 같은 천적 눈에 잘 띄지 않게 위장한 것이다. 세줄날개가지나방처럼 나무껍질에 붙어 있으면 멀리서 구별하기 어려운 나방이 많고, 가을에 나오는 참나무겨울가지나방처럼 가랑잎 색깔과 비슷한 나방도 많다. 주로 풀밭에 사는 긴줄풀명나방 같은 나방은 풀잎과 생김새가 닮아 길쭉하다. 그래서 풀잎에 붙어 있으면 잘 구별되지 않는다. 가중나무껍질나방처럼 날개가 길쭉해서 가지에 붙어 있으면 구별하기 어려운 나방들도 있다.

경계색

    나방 가운데 자신이 독을 품고 있다고 알리는 색깔을 띠거나, 천적이 겁을 먹을 수 있는 큰 눈알 같은 무늬를 갖거나 위협적인 행동을 하는 나방도 있다. 흰무늬왕불나방처럼 화려한 색상을 가지고 있거나 뱀눈박각시, 참나무산누에나방, 밤나무산누에나방, 무궁화무늬나방처럼 뒷날개 윗면에 큰 눈알 모양 무늬가 있어, 위협을 받으면 드러내기도 한다. 또한 꽃술재주나방처럼 위험을 느끼면 큰 털 뭉치가 붙어 있는 배 끝을 위아래로 움직여 몸을 지키기도 한다.

보호색

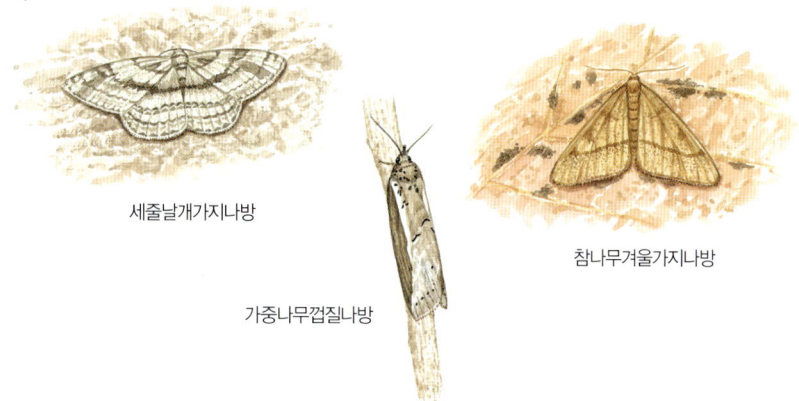

세줄날개가지나방

가중나무껍질나방

참나무겨울가지나방

경계색

뱀눈박각시

흰무늬왕불나방

참나무산누에나방

꽃술재주나방

7. 애벌레 생태

　나방 애벌레는 많은 동물에게 중요한 먹잇감이다. 산새들은 통통하게 다 자란 애벌레 시기에 맞춰 알에서 새끼가 깨어난다고 한다. 같은 곤충들 가운데 나방 애벌레는 거의 모두 잡아 먹히는 처지다. 호리병벌 무리, 말벌 무리는 나방 애벌레를 많이 사냥하고, 기생벌 무리는 수많은 나방 애벌레 몸속에 알을 낳는다. 기생벌 애벌레는 나방 애벌레 몸속에서 깨어난 뒤 몸속을 파먹고, 기생벌 애벌레가 번데기가 될 때쯤 나방 애벌레가 죽는다.
　나방 애벌레들도 이런 천적을 피하려고 숨을 곳을 만들거나, 보호색이나 경계색을 띠어 천적을 피하고, 쐐기나방 무리처럼 독이 있는 털을 가지고 있기도 하다. 잎말이나방 무리, 풀명나방 무리, 주머니나방 무리 같은 나방 애벌레는 집을 지어 숨을 곳을 만든다. 입에 있는 실샘에서 실을 내어 잎사귀 양쪽을 붙여 그 안에 숨어 있거나, 식물 부스러기를 모아 집을 만든다. 유리나방 무리는 나무속에 굴을 파고 들어가고, 가는나방 무리는 먹이식물 잎살 속에 들어가 파먹기 때문에 아예 몸이 드러나지 않기도 한다. 미국흰불나방 애벌레처럼 수많은 실그물을 치고, 수십 수백 마리씩 모여 애벌레 시기를 보내는 종도 여럿 있다.
　숨을 곳을 만들지 않는 나방 애벌레들은 천적 눈에 잘 띄지 않게 둘레 환경과 비슷한 몸빛을 띠거나 그 모습을 흉내 낸다. 대만들명나방 애벌레처럼 먹이식물 색깔과 비슷한 애벌레들은 먹이식물 잎 뒷면에 숨고, 극동쐐기나방 애벌레처럼 나뭇잎 주맥과 비슷하게 등 쪽 한가운데에 줄무늬를 가진 애벌레도 있다. 꽃무늬재주나방 애벌레처럼 몸을 움츠려 나뭇가지나 나뭇잎 모양과 비슷하게 위장하는 애벌레도 있다.
　어떤 나방 애벌레들은 더 적극적으로 천적에게 맞선다. 쐐기나방 무리, 독나방 무리 애벌레처럼 독이 있는 털을 가지고 있거나, 암청색줄무늬밤나방 애벌레처럼 눈에 잘 띄는 빨간색, 주황색, 검은색, 흰색 같은 몸빛을 띠어 독이 있다고 알리는 애벌레도 있다.
　꽃술재주나방 애벌레처럼 온몸에 큰 가시들이 솟아 있기도 하고, 박각시 무리처럼 배 끝에 뿔처럼 생긴 큰 돌기가 있거나, 맵시곱추밤나방처럼 천적에게 혼란을 주기 위해 눈알처럼 생긴 반점들을 가지기도 한다.

기생 당한 나방 애벌레

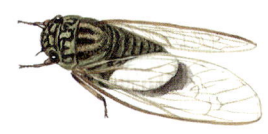

매미기생나방 애벌레와 번데기

잎말이나방 무리 은신처

억센 털이 돋은 노랑쐐기나방 애벌레

왕물결나방 경고색

꽃술재주나방 애벌레 위협

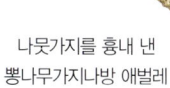
나뭇가지를 흉내 낸
뽕나무가지나방 애벌레

8. 사람과 나방

나비가 낮에 꽃을 찾아가듯 나방은 밤에 꽃을 찾아간다. 나비와 꿀벌처럼 나방 어른벌레도 여러 가지 식물들이 꽃가루받이를 할 수 있도록 돕는다. 또 새, 박쥐, 고양이 같은 작은 젖먹이동물, 개구리와 두꺼비 같은 양서류에게 중요한 먹이 자원으로 생태계 순환에 중요한 역할을 한다. 나방이 한꺼번에 사라진다면 아마도 나방 어른벌레나 애벌레를 먹잇감으로 삼는 새나 양서류 같은 동물들이 굶어 죽거나, 다른 곳으로 옮겨가야 할 것이다.

나방 무리 중에도 오래전부터 누에나방 무리처럼 고치에서 비단실을 뽑아 고급 옷감을 만들거나, 애벌레나 번데기를 먹거나, 약으로 쓰여서 사람에게도 직접적인 도움을 주는 나방도 있다. 또 흙 성질 개선, 해충 조절, 환경지표생물 역할을 하는 것처럼 좋은 기능도 많다.

하지만 사람에게 피해를 주는 나방들도 꽤 있다. 독나방, 쐐기나방 무리처럼 몇몇 나방 애벌레는 털에 독이 있어서 사람에게 상처를 주기도 한다. 또 몇몇 나방 애벌레는 사람이 기르는 곡식과 채소에 해를 끼쳐 우리나라뿐만 아니라 세계 여러 곳에서 농업 해충으로 미움을 받는다. 담배거세미나방 애벌레는 고추나 카네이션에 피해를 주고, 멸강나방 애벌레는 옥수수나 조 같은 곡식을 파먹는다. 파밤나방, 검거세미나방 애벌레는 밭에 기르는 채소에 피해를 주고, 복숭아심식나방, 복숭아순나방 애벌레는 복숭아를 파먹는다. 화랑곡나방이나 밀가루줄명나방 애벌레는 갈무리한 곡식을 갉아 먹고, 복숭아유리나방 같은 유리나방 무리는 가로수나 과일나무에 피해를 준다. 또 매미나방이나 밤나무산누에나방 애벌레는 참나무, 솔나방 무리는 바늘잎나무에 피해를 준다.

| 우리 땅에 사는 나방 |

끝검은쐐기나방 *Belippa horrida*

알락나방상과 쐐기나방과

 끝검은쐐기나방은 이름처럼 앞날개 끝에 커다란 까만 무늬가 있어서 다른 쐐기나방 무리와 구별된다. 날개 앞쪽에는 까만 털 뭉치가 양쪽에 나 있다. 날개를 펼치면 뒷날개에는 아무 무늬가 없다. 앞날개는 귤색이거나 누런 밤색 바탕에 검은색, 흰색 무늬들이 있어 화려하게 보인다. 날개 가운데를 중심으로 낫처럼 생긴 검은 무늬가 뚜렷하고, 그 가운데는 은백색 가는 줄무늬가 있다. 날개 끄트머리는 폭넓게 검은색을 띠고, 바깥쪽 가장자리 가운데쯤에는 폭넓게 옅은 노란색이나 누르스름한 빛깔을 띤다. 뒷날개는 짙은 밤색 바탕에 뒤쪽 가장자리는 옅은 노란색을 띤다.

 끝검은쐐기나방은 온 나라 산에서 볼 수 있는데 드문드문 보인다. 한 해에 한 번 날개돋이하는데, 어른벌레는 6월부터 7월까지 볼 수 있다. 애벌레는 진달래 잎을 갉아 먹는다고 한다. 애벌레 몸빛은 풀빛이고 몸은 둥그스름하다. 몸에 가시털이 없어 매끈하고, 가시털이 있어야 할 곳에 흰 점들이 줄지어 나 있다.

 끝검은쐐기나방은 1865년 중국 북부 지역에서 맨 처음 기록되었고, 우리나라에서는 1983년에 서울에서 처음 기록되었다. 일본, 타이완 같은 곳에서도 살고 있다.

나오는 때 6~7월
사는 곳 온 나라 산
애벌레가 먹는 식물 진달래
날개 편 길이 27~35mm

애벌레

고치

참쐐기나방 *Rhamnosa angulata*

참쐐기나방은 앞날개 가운데에 비스듬한 밤색 띠무늬가 두 줄로 거의 나란하게 나 있어서 다른 쐐기나방 무리와 구별된다. 앞날개 바깥쪽 가장자리에 난 부드러운 털은 옅은 누런 밤색을 띤다. 뒤쪽 모서리와 뒤쪽 가장자리 가운데에 난 부드러운 털은 매우 길고, 끝부분이 짙은 밤색을 띠어 날개를 접고 앉아 있을 때는 위쪽으로 솟아 있는 털 뭉치로 보인다. 뒷날개는 누런 잿빛이고, 뒤쪽 가장자리는 폭넓게 짙은 노란색을 띤다.

참쐐기나방은 온 나라에서 볼 수 있다. 하지만 산을 중심으로 몇몇 곳에서 산다. 어른벌레는 6월부터 8월까지 보인다. 애벌레가 무엇을 먹는지는 아직 알려지지 않았다. 애벌레 몸빛은 풀색인데, 등 가운데를 중심으로 양쪽에 가는 누런 줄무늬가 있고, 가운데에 연분홍색 큰 무늬가 있다. 그리고 가장자리를 따라 굵은 가시털 돌기들이 있다.

참쐐기나방은 1887년 우리나라 서울 청량리에서 맨 처음 기록되었다. 극동 러시아, 중국에서도 살고 있다.

나오는 때 6~8월
사는 곳 온 나라 산 몇몇 곳
애벌레가 먹는 식물 모름
날개 편 길이 16~24mm

애벌레

벚나무모시나방 *Elcysma westwoodi*

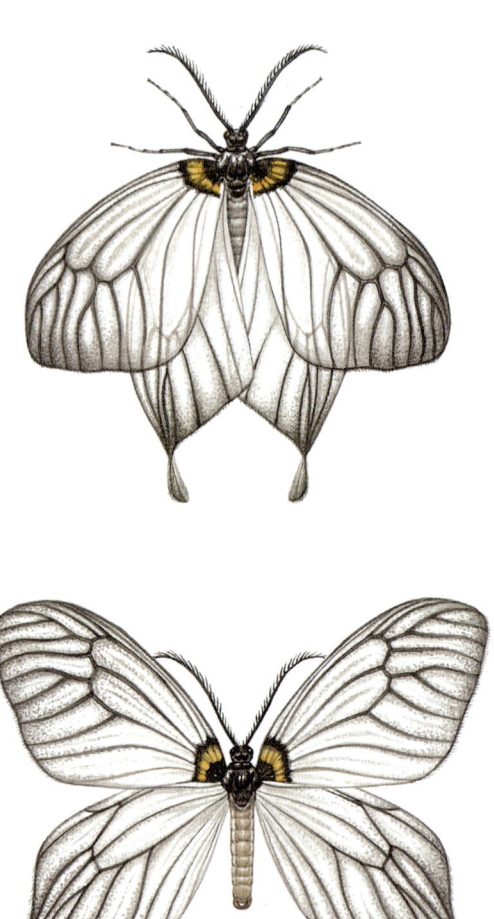

알락나방상과 알락나방과

　벚나무모시나방은 앞날개 뿌리 쪽에 주황색 무늬가 뚜렷하고, 뒷날개에 꼬리처럼 생긴 돌기가 있어서 다른 알락나방 무리와 구별된다.

　벚나무모시나방은 온 나라에서 볼 수 있다. 하지만 낮은 산을 중심으로 몇몇 곳에서만 산다. 한 해에 한 번 날개돋이하는데, 어른벌레는 8월부터 10월까지 볼 수 있다. 다른 나방과 달리 낮에도 나와 돌아다닌다. 애벌레는 벚나무, 왕벚나무, 자두나무, 사과나무, 살구나무, 매실나무, 복숭아나무 같은 나뭇잎을 갉아 먹는다. 때때로 수많은 애벌레가 나와 잎을 갉아 먹기도 한다. 날씨가 추워지는 10월 말쯤부터 애벌레는 가랑잎 사이에 들어가 무리로 모여 겨울을 난다. 이듬해 봄에 나온 애벌레는 6월쯤까지 잎을 갉아 먹으며 자란다. 어린 애벌레는 잎 뒷면에서 잎살만 갉아 먹는데, 자라면서 잎에 작은 구멍을 뚫으며 갉아 먹다가 다 자라면 잎을 몽땅 갉아 먹는다. 다 자란 애벌레는 잎 뒷면을 둥글게 만 뒤 그 속에서 단단한 고치를 만들어 번데기가 된다. 50일쯤 지난 9~10월에 어른벌레로 날개돋이를 많이 한다. 어른벌레는 짝짓기하기 전에 수십 마리씩 떼 지어 날아다닌다. 짝짓기를 마친 암컷은 애벌레가 먹을 나뭇잎에 수십 개씩 알을 모아 낳는다. 이렇게 알을 모두 100개쯤 알을 낳는다. 두 주쯤 지나면 알에서 애벌레가 나온다.

　벚나무모시나방은 1863년 극동 러시아에서 맨 처음 기록되었는데, 우리나라에서는 언제 처음 기록되었는지 뚜렷하지 않다. 러시아, 일본, 중국, 미얀마 같은 곳에서도 살고 있다.

애벌레

나오는 때 8~10월
사는 곳 산
애벌레가 먹는 식물 벚나무, 왕벚나무, 자두나무, 사과나무, 살구나무, 매실나무, 복숭아나무
날개 편 길이 50~60mm

뒤흰띠알락나방 *Neochalcosia remota*

알락나방상과 알락나방과

뒤흰띠알락나방은 흰띠알락나방과 닮았지만, 뒷날개가 온통 까맣고, 앞날개에 있는 하얀 띠무늬가 '一'자여서 다르다. 흰띠알락나방은 하얀 띠무늬가 비스듬하게 나 있다.

뒤흰띠알락나방은 온 나라에서 볼 수 있다. 하지만 산을 중심으로 몇몇 곳에서 산다. 한 해에 한 번 날개돋이하는데, 어른벌레는 6월부터 9월까지 볼 수 있다. 낮에 산길이나 숲 가장자리 둘레에서 무리를 지어 날아다닌다. 애벌레는 노린재나무 잎을 갉아 먹는다. 애벌레는 4월쯤부터 보인다. 애벌레 머리는 반짝이는 검은 밤색을 띠고, 등 쪽에 커다란 누런 무늬가 쌍을 이루며 줄지어 있다. 어린 애벌레는 잎살만 갉아 먹다가 다 자라면 잎을 몽땅 갉아 먹는다. 보통 5월 중순쯤에 다 큰 애벌레가 된다. 추운 지방에서는 6월에도 애벌레를 볼 수 있다. 다 자란 애벌레는 잎에 단단하고 허연 밤색 고치를 만들고 번데기가 된다.

뒤흰띠알락나방은 1854년 중국에서 맨 처음 기록되었는데, 우리나라에서는 언제 처음 기록되었는지 뚜렷하지 않다. 일본, 타이완에서도 살고 있다.

나오는 때 6~9월
사는 곳 온 나라 산 몇몇 곳
애벌레가 먹는 식물 노린재나무
날개 편 길이 54~56mm

고치
애벌레
짝짓기

알락굴벌레나방 *Zeuzera multistrigata*

굴벌레나방상과 굴벌레나방과

　알락굴벌레나방은 굴벌레나방과 닮았지만, 날개에 파란빛이 도는 까만 점무늬들이 있어서 다르다. 개체마다 몸 크기가 크게 차이난다. 수컷 더듬이는 1/2쯤만 빗살 모양이고, 나머지는 실 모양이다. 암컷은 모두 실 모양이다. 머리는 하얗다. 앞날개는 잿빛 바탕에 뒤쪽 가장자리는 하얀빛이 강하고, 광택이 나는 흑청색 점들이 뒤쪽 가장자리 날개 뿌리를 빼고, 온 날개에 고르게 나 있다. 바깥쪽 가장자리 날개맥 끝에는 큰 점무늬들이 있어서 점이 늘어선 줄무늬로 보인다. 뒷날개는 잿빛 바탕에 광택이 나는 흑청색 점들이 앞쪽 가장자리를 빼고, 온 날개에 고르게 나 있지만 개체에 따라 차이가 있다.

　알락굴벌레나방은 온 나라에서 제법 폭넓게 볼 수 있다. 한 해에 한 번 날개돋이하는데, 어른벌레는 7월부터 8월까지 보인다. 밤에 나와 돌아다니는데 등불에 잘 모이고, 때에 따라 많은 개체가 모이기도 한다. 등불에 모인 어른벌레는 배가 몸집보다 유난히 커서 잘 날지 못한다. 애벌레는 여러 가지 나무 속을 파먹고 살며, 애벌레가 파고 들어간 구멍 밖으로 동글동글한 똥을 싼다. 알에서 어른벌레가 되는 데 2년이 걸리는 것으로 알려졌다.

　알락굴벌레나방은 1881년 인도에서 맨 처음 기록되었는데, 우리나라에서는 언제 처음 기록되었는지 뚜렷하지 않다. 네팔, 미얀마, 스리랑카, 베트남, 중국, 타이완, 러시아, 일본 같은 나라에서도 살고 있다.

나오는 때 7~8월
사는 곳 온 나라
애벌레가 먹는 식물 여러 가지 나무 속
날개 편 길이 35~70mm

종령 애벌레

애벌레 구멍과 똥

흰점무늬상수리창나방 *Rhodoneura pallida*

창나방상과 창나방과

흰점무늬상수리창나방은 상수리창나방과 닮았는데, 앞날개 끝 아래쪽에 크고 하얀 점무늬가 있어서 다르다. 앞날개는 누르스름한 바탕에 앞쪽 가장자리는 검은 밤색을 띤다. 날개 뿌리 쪽은 짙은 밤색을 띠고, 가운데에서 앞쪽 가장자리 쪽으로는 폭넓게 옅은 누르스름한 빛깔을 띤다. 가운데에 있는 가로줄은 짙은 밤색으로 가운데에서 뒤쪽 가장자리까지 뚜렷하다. 날개 끝 아래에 검은 테두리를 친 물방울 모양 은백색 무늬가 뚜렷하며, 그 아래에 검은 점무늬가 나란히 줄지어 있다. 뒷날개는 앞날개보다 작다. 바탕색과 무늬들은 앞날개와 비슷하고, 가운데 가로줄은 짙은 밤색으로 뚜렷하다.

흰점무늬상수리창나방은 온 나라에 살지만 몇몇 곳에서만 보인다. 한 해에 한 번 날개돋이하는데, 어른벌레는 6월부터 8월까지 볼 수 있다. 애벌레는 개옻나무, 붉나무 잎을 갉아 먹는다. 애벌레 몸은 온통 노랗다. 잎을 길게 잘라 깔때기처럼 만들어 감은 뒤 그 속에서 잎을 먹는다. 애벌레가 다 자라면 만 잎을 완전히 붙인 뒤 땅으로 떨어진다.

흰점무늬상수리창나방은 1879년 일본에서 맨 처음 기록되었고, 우리나라에서는 1990년에 처음 기록되었다. 중국에서도 살고 있다.

나오는 때 6~8월
사는 곳 온 나라 몇몇 곳
애벌레가 먹는 식물 개옻나무, 붉나무
날개 편 길이 20~25mm

애벌레

애벌레 집

깜둥이창나방 *Thyris fenestrella seoulensis*

창나방상과 창나방과

깜둥이창나방은 앞날개와 뒷날개에 하얀 무늬들이 있어서 다른 창나방 무리와 구별된다. 앞날개는 검은색 바탕에 앞쪽 가장자리에는 노란색 점무늬가 규칙적으로 늘어서 있고, 날개 가운데에 하얗고 반투명한 큰 무늬 두 개가 줄지어 있다. 뒷날개 바탕색과 무늬들은 앞날개와 비슷하지만, 날개에 있는 하얀 무늬들이 앞날개보다 크다.

깜둥이창나방은 온 나라에 제법 폭넓게 산다. 어른벌레는 5월부터 9월까지 볼 수 있다. 어른벌레는 낮에 나와 재빨리 날아다니며, 여러 가지 꽃에 잘 모인다. 애벌레가 무엇을 먹는지는 아직 알려지지 않았다.

깜둥이창나방 아종(*Thyris fenestrella seoulensis*)은 1990년 경기도 운길산에서 처음 찾아 맨 처음 기록한 것으로 알려졌다. 나라 밖에서는 기록이 없다. 우리나라에서만 사는 한국 고유 생물 종으로 생물 자원으로 가치가 높다. 그래서 나라 밖으로 함부로 가지고 나갈 수 없는 '국외 반출 승인 대상 생물 종'으로 정해서 보호하고 있다.

나오는 때 5~9월
사는 곳 온 나라
애벌레가 먹는 식물 모름
날개 편 길이 14~18mm

종령 애벌레

애벌레 집

갈매기부채명나방 *Cataprosopus monstrosus*

명나방상과 명나방과

갈매기부채명나방은 날개검은부채명나방과 닮았지만, 앞날개 끄트머리에 까만 점무늬가 크게 나타나 구별된다. 또 앞이마가 주둥이처럼 길쭉하게 앞으로 튀어나왔다. 앞날개는 누런 밤색 바탕에 가늘고 검은 가로줄들이 뚜렷하다. 가운데방에 콩팥처럼 생긴 무늬와 가락지처럼 생긴 무늬가 검은 밤색으로 흐릿하게 나타나며, 그 아래쪽에 흐릿한 검은 밤색 부분이 폭넓게 나타난다. 날개 끄트머리 바깥쪽 가로줄 안쪽에 커다란 검은 반원형 점무늬가 있다. 뒷날개는 옅은 누런 밤색 바탕에 바깥쪽 가장자리로 갈수록 짙은 밤색을 띤다.

갈매기부채명나방은 온 나라에서 볼 수 있다. 하지만 산을 중심으로 몇몇 곳에서 산다. 한 해에 한 번 날개돋이하는데, 어른벌레는 6월 말부터 8월까지 볼 수 있다. 날개를 접고 앉아 있으면 세모꼴이다. 애벌레가 무엇을 먹는지는 아직 알려지지 않았다.

갈매기부채명나방은 1881년 일본에서 맨 처음 기록되었는데, 우리나라에서는 언제 처음 기록되었는지 뚜렷하지 않다. 중국에서도 살고 있다.

나오는 때 6~8월
사는 곳 온 나라 산 몇몇 곳
애벌레가 먹는 식물 모름
날개 편 길이 30~40mm

곡식비단명나방 *Aglossa dimidiata*

명나방상과 명나방과

　곡식비단명나방은 앞날개에 톱니처럼 생긴 바깥쪽 가로줄이 둥그스름하게 있어서 다른 비단명나방 무리와 구별된다. 앞날개는 옅은 누런 밤색에 적자색이나 밤색 비늘 가루가 덮여 불규칙한 무늬를 이룬다. 바깥쪽 가장자리를 따라 각 날개맥 끝에 검은 밤색 점들이 줄지어 있다. 뒷날개는 연한 누르스름한 바탕에 바깥쪽 가장자리는 어둡고, 가로줄이 흐릿하게 나타난다. 바깥쪽 가장자리는 둥그스름하고, 뒤쪽 가장자리 날개 뿌리 쪽으로 갈수록 부드러운 털이 옅은 노란색을 띠며 길어진다.

　곡식비단명나방은 온 나라에서 사는데 몇몇 곳에서만 보인다. 한 해에 두 번 날개돋이하는데, 어른벌레는 봄부터 가을까지 볼 수 있다. 애벌레는 벼, 밭벼 같은 갈무리한 곡식을 갉아 먹는다. 곡식 알갱이 사이사이에 엉성한 집을 짓고 먹이를 갉아 먹는다. 다 자란 애벌레 머리는 붉은 밤색을 띠고, 가슴은 누런 밤색 바탕에 앞 가장자리는 검은 밤색을 띤다. 몸은 검은 밤색을 띠고, 쭈글쭈글 주름져 보인다.

　곡식비단명나방은 1809년 인도에서 맨 처음 기록되었는데, 우리나라에서는 언제 처음 기록되었는지 뚜렷하지 않다. 중국, 일본, 미얀마 같은 나라에서도 살고 있다.

나오는 때 봄~가을
사는 곳 온 나라 집, 갈무리한 곡식
애벌레가 먹는 식물 곡식 알갱이
날개 편 길이 16~28mm

애벌레

번데기

노랑눈비단명나방 *Orybina regalis*

노랑눈비단명나방은 이름처럼 앞날개 가운데방 바깥쪽에 커다란 노란 무늬가 뚜렷해서 다른 비단명나방 무리와 구별된다. 앞날개는 일반적으로 적황색 바탕에 가로줄들이 가늘고, 검은 밤색을 띠는데, 개체마다 차이가 있다. 뒷날개는 옅은 주홍색이거나 분홍색 바탕에 날개 뿌리 쪽으로 갈수록 색깔이 옅어진다. 안쪽 가로줄은 나타나지 않지만, 바깥쪽 가로줄은 가운데를 중심으로 흐릿하게 나타난다.

노랑눈비단명나방은 온 나라에 제법 폭넓게 산다. 어른벌레는 6월부터 9월까지 볼 수 있다. 애벌레는 단풍나무, 양버즘나무, 갈참나무 같은 나뭇잎을 갉아 먹는다고 알려졌다. 애벌레는 먹이식물 잎을 실로 엮어 놓고 그 실 위에서 잎을 먹는데 마치 애벌레가 공중에 붕 뜬 듯이 보인다. 어린 애벌레는 날씬하지만 종령 애벌레는 조금 납작하고 가슴은 머리와 배 앞부분보다 좁아서 배가 불룩해 보인다. 다 자란 애벌레는 잎을 붙이거나 땅속에 들어가 번데기가 된다. 그리고 이듬해 6월에 날개돋이한다.

노랑눈비단명나방은 1889년 우리나라에서 맨 처음 기록되었다. 중국, 일본에서도 살고 있다.

나오는 때 6~9월
사는 곳 온 나라
애벌레가 먹는 식물 단풍나무, 양버즘나무, 갈참나무
날개 편 길이 26~33mm

애벌레

은무늬줄명나방 *Pyralis regalis*

명나방상과 명나방과

은무늬줄명나방은 앞날개에 있는 은백색 안쪽 가로줄과 바깥쪽 가로줄이 날개 앞 가장자리에서는 굵고, 뒤쪽 가장자리에서는 가늘어져서 다른 비단명나방 무리와 구별된다. 앞날개는 붉은 밤색이거나 적자색 바탕에 앞쪽 가장자리 가운데에는 허옇고 짧은 점무늬들이 뚜렷하다. 가로줄은 은백색을 띠며 굵다. 안쪽 가로줄과 바깥쪽 가로줄 사이에는 노란 비늘 가루가 섞여 있다. 뒷날개는 잿빛이 도는 적자색 바탕에 은빛 가는 안쪽 가로줄과 바깥쪽 가로줄은 뒤쪽 가장자리에서 만나고, 바깥쪽 가로줄 가운데 안쪽은 검은 밤색을 띤다.

은무늬줄명나방은 온 나라에 폭넓게 산다. 어른벌레는 5월부터 9월까지 볼 수 있다. 애벌레는 여러 가지 말벌이나 쌍살벌 집에서 더부살이하며 벌집을 갉아 먹는 것으로 알려졌다. 은무늬줄명나방 애벌레는 다른 나라에서 들어와 꿀벌과 사람을 공격하며 우리나라 생태계를 어지럽히고 있는 등검은말벌 천적인 것으로 2019년에 밝혀졌다.

은무늬줄명나방은 1775년 오스트리아에서 맨 처음 기록되었는데, 우리나라에서는 언제 처음 기록되었는지 뚜렷하지 않다. 러시아, 중국, 일본, 타이완, 인도, 미얀마, 유럽 중남부 같은 곳에서도 살고 있다.

나오는 때 5~9월
사는 곳 온 나라
애벌레가 먹는 먹이 벌집
날개 편 길이 16~20mm

줄보라집명나방 *Lista ficki*

명나방상과 명나방과

　줄보라집명나방은 앞날개 가장자리에 있는 줄무늬 굵기가 일정한 주황색 띠무늬로 나타나서 다른 집명나방 무리와 구별된다. 앞날개는 날개 뿌리에서 중간 안쪽 부분은 허연 바탕에 검은색 비늘 가루가 흩뿌려져 얼룩져 보인다. 바깥쪽에는 굵기가 일정한 주황색 띠무늬가 나타나고, 안쪽에 가늘고 검은 띠가 접해 있다. 바깥쪽 가장자리는 붉은색을 띠고, 이 부분에 있는 날개맥은 가늘고 검은 줄무늬에 접해 있는 은백색 줄무늬가 뚜렷하게 보인다. 뒷날개 바탕색과 무늬들은 앞날개와 매우 비슷하다.

　줄보라집명나방은 온 나라 산에서 제법 폭넓게 산다. 한 해에 한 번 날개돋이 한다. 어른벌레는 6월부터 8월까지 볼 수 있다. 애벌레가 무엇을 먹는지는 아직 알려지지 않았다.

　줄보라집명나방은 1881년 러시아 아무르 지방에서 맨 처음 기록되었다. 우리나라에서는 1993년에 처음 기록되었다. 중국, 일본, 네팔 같은 곳에서도 살고 있다.

나오는 때 6~8월
사는 곳 온 나라 산
애벌레가 먹는 식물 모름
날개 편 길이 20~26mm

팥알락명나방 *Etiella zinckenella*

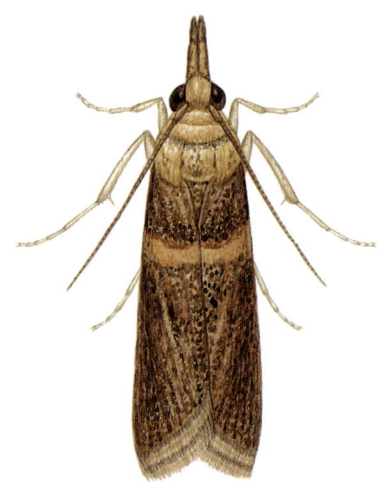

명나방상과 명나방과

팥알락명나방은 노랑테알락명나방과 닮았지만, 앞날개 가운데 안쪽에 동그랗고 노란 무늬가 더 좁고 가늘어서 다르다. 앞날개는 다른 알락명나방류에 비해 매우 좁다.

팥알락명나방은 온 나라 몇몇 곳에서 산다. 한 해에 3~4번 날개돋이하는데, 어른벌레는 5월부터 10월까지 볼 수 있다. 짝짓기를 마친 암컷은 어린 열매 꼬투리 꽃받침 안쪽이나 꼬투리 밑쪽에 알을 1개씩 낳는다. 암컷 한 마리가 알을 60~200개 낳는다. 알에서 나온 애벌레는 회화나무, 아까시나무, 콩, 강낭콩, 팥, 녹두, 완두류, 동부, 덩굴강낭콩 같은 열매를 갉아 먹는다. 애벌레는 알에서 나온 뒤 24시간 이내에 꼬투리로 들어가 안쪽에 있는 열매만 먹어 치운다. 꼬투리 안에 있는 콩을 다 먹고도 모자라면 구멍을 뚫고 나와 다른 꼬투리로 옮겨간다. 애벌레가 갉아 먹은 꼬투리 안에는 애벌레 똥만 남게 된다. 애벌레가 꼬투리를 나올 때 크고 둥근 구멍을 남긴다. 다 자란 애벌레 머리는 누런 밤색인데 뒷부분은 검은 밤색을 띤다. 몸통은 살짝 흰색이 도는 풀색이지만 번데기 때가 가까워질수록 붉어진다. 다 큰 애벌레로 땅속이나 풀 더미 속에서 겨울을 난다.

팥알락명나방은 1832년 이탈리아에서 맨 처음 기록되었고, 우리나라에서는 1993년에 처음 기록되었다. 러시아, 중국, 일본, 타이완, 필리핀, 인도네시아, 오스트레일리아 같이 온 세계에 폭넓게 살고 있다.

나오는 때 5~10월
사는 곳 온 나라 몇몇 곳
애벌레가 먹는 식물 회화나무, 아까시나무, 콩, 강낭콩, 팥, 녹두, 완두류, 동부, 덩굴강낭콩
날개 편 길이 21~26mm

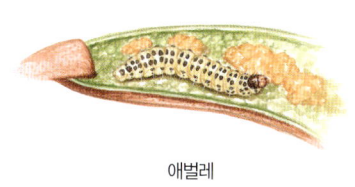

애벌레

화랑곡나방 *Plodia interpunctella*

명나방상과 명나방과

　화랑곡나방은 앞날개 가운데부터 뿌리까지 옅은 노란색을 띠어서 다른 알락명나방 무리와 구별된다. 온 나라에 폭넓게 산다. 어른벌레는 갈무리해 둔 곡물에서 살아서 집 안에서도 날아다닌다. 흔히 '쌀나방'이라고도 한다. 애벌레는 옥수수, 조, 수수, 벼, 밀, 보리, 밭벼, 기장 같은 갈무리한 곡식과 콩, 땅콩, 고추, 포도, 무화과, 살구, 복숭아, 가래나무류, 벚나무류 같은 열매를 갉아 먹는다고 알려졌다. 갈무리한 곡식을 갉아 먹어서 피해를 준다.

　화랑곡나방 어른벌레는 12일쯤 사는데 여름에는 짧게 살고 9월에 날개돋이 하면 더 오래 산다. 어두운 곳을 좋아하고 밤에 나와 돌아다닌다. 날개돋이한 뒤 1~3일에 짝짓기를 한다. 짝짓기를 마친 뒤 하루나 이틀 뒤에 알을 낳기 시작하는데, 첫날에 알을 가장 많이 낳는다. 6~10일 동안에 곡식을 갈무리한 쌀통이나 가마니 둘레에 알을 160개쯤 낳는다. 알에서 나온 애벌레는 강한 턱과 이빨이 있어서 갈무리한 곡식을 넣어둔 봉지나 플라스틱 따위를 뚫고 들어간다. 그리고 쌀이나 보리처럼 갈무리한 낟알을 입에서 토해 낸 가느다란 실로 얼기설기 얽어맨 뒤 먼저 쌀눈을 파먹는다. 그리고 난 뒤 바깥쪽을 갉아 먹는다. 콩이나 고추 같은 열매는 애벌레가 속으로 들어가 갉아 먹고 구멍 밖으로 똥을 싼다. 암컷이 될 애벌레는 몸이 뚱뚱해서 머리가 작아 보이고, 수컷이 될 애벌레는 8번째 배마디 배 쪽 가운데에 옅은 밤색 반점이 생긴다. 다 자란 애벌레는 밖으로 기어 나와 하얀 막으로 된 고치를 만들고 번데기가 된다. 비슷한 곳에 사는 쌀바구미보다 더 메마른 곳에서도 살 수 있다.

애벌레

나오는 때 봄~가을
사는 곳 집
애벌레가 먹는 식물 옥수수, 조, 수수, 벼, 밀, 보리, 밭벼, 기장, 갈무리한 곡식, 콩, 땅콩, 고추, 포도, 무화과, 살구, 복숭아, 가래나무류, 벚나무류
날개 편 길이 13~18mm

마름모무늬풀명나방 <small>마름모무늬포충나방</small>

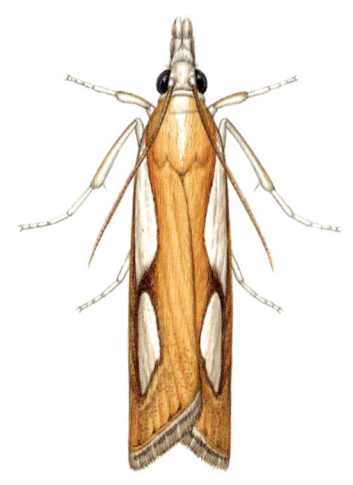

Catoptria permiacus   명나방상과 풀명나방과

    마름모무늬풀명나방은 이름처럼 앞날개 가운데를 중심으로 마름모꼴 은백색 무늬가 크게 나 있어서 다른 풀명나방 무리와 구별된다. 앞날개는 좁고 길며, 날개 끝은 뾰족한 편이다. 앞날개는 귤색이거나 누런 밤색 바탕에 가운데를 중심으로 은백색 무늬가 있는데, 날개 뿌리에서 바깥쪽 가장자리로 갈수록 무늬는 굵어지고, 2/3쯤 되는 곳에서 짙은 밤색으로 나뉜다. 바깥쪽 가장자리는 날개맥 사이가 살짝 볼록하여 얕은 물결 모양을 이루고, 뒤쪽 모서리 쪽으로 갈수록 안쪽으로 기울어진다. 뒤쪽 모서리는 둥그스름하다. 뒤쪽 가장자리는 거의 곧고, 날개 뿌리 쪽에서 각이 져 안쪽으로 급하게 기울어진다. 뒷날개는 앞날개보다 크고 넓으며, 잿빛 밤색 바탕에 날개 끝과 바깥쪽 가장자리를 중심으로 노란빛이 돈다.

    마름모무늬풀명나방은 온 나라에서 볼 수 있다. 하지만 산을 중심으로 몇몇 곳에서 산다. 한 해에 한 번 날개돋이하는데, 어른벌레는 7월부터 9월까지 볼 수 있다. 애벌레가 무엇을 먹는지는 아직 알려지지 않았다.

    마름모무늬풀명나방은 1924년 러시아에서 맨 처음 기록되었는데, 우리나라에서는 언제 처음 기록되었는지 뚜렷하지 않다. 중국, 일본에서도 살고 있다.

나오는 때 7~9월
사는 곳 온 나라 몇몇 산
애벌레가 먹는 식물 모름
날개 편 길이 17~24mm

풀 줄기에 앉은 모습

연물명나방 *Elophila interruptalis*

잎에 앉아 있는 어른벌레

명나방상과 풀명나방과

　연물명나방은 검은줄물명나방과 닮았지만, 뒷날개 가운데에 있는 하얀 무늬를 둘러싼 검은 줄무늬가 이어져 있어서 다르다. 앞날개와 뒷날개에는 귤색이나 짙은 노란색 바탕에 검은 밤색 테두리를 친 흰색 무늬들이 복잡하게 있다.

　연물명나방은 온 나라 몇몇 저수지, 연못, 하천 같은 곳에서 산다. 어른벌레는 5월부터 10월까지 볼 수 있다. 애벌레는 물에서 자라는 왜개연꽃, 개연꽃, 가래, 자라풀, 수련, 순채 같은 잎을 갉아 먹는다고 알려졌다. 애벌레는 머리 쪽으로 갈수록 누런 밤색을 띠며, 그 나머지는 색깔이 옅다. 애벌레는 먹이식물 잎을 잘라 붙여 집을 만들고 그 속에 쏙 들어가 지낸다. 애벌레는 잎 가장자리부터 이빨로 자르기 시작해 잎을 동그랗게 자른다. 작은 잎이 둥글게 떨어져 나오면 잘라낸 잎을 잘린 잎 위나 아래로 끌고 가 겹친 뒤 또다시 작은 잎을 잘라낸다. 그리고 입에 있는 실 뽑는 돌기에서 실을 내어 이렇게 잘라낸 두 잎을 붙여 집을 만든다. 집을 다 지으면 집 속에서 머리를 내밀고 둘레에 있는 잎을 먹는다. 또 둘레에 있는 잎을 다 갉아 먹으면 줄기에 붙은 잎을 잘라서 떨어져 나와 물 위를 자유롭게 떠다니며 다른 잎을 찾는다.

　연물명나방은 1877년 중국에서 맨 처음 기록되었고, 우리나라에서는 1993년에 처음 기록되었다. 일본에서도 살고 있다.

나오는 때 5~10월
사는 곳 온 나라 몇몇 저수지, 연못, 하천
애벌레가 먹는 식물 왜개연꽃, 개연꽃, 가래, 자라풀, 수련, 순채
날개 편 길이 21~28mm

애벌레 집

애벌레

흰물결물명나방 *Paracymoriza prodigalis*

명나방상과 풀명나방과

　흰물결물명나방은 앞날개 가운데방 끝 바깥쪽으로 짧고 하얀 가로줄 무늬가 3개 뚜렷하게 보여서 다른 물명나방 무리와 구별된다. 앞날개와 뒷날개는 황토색 바탕에 흰색 또는 은백색 무늬가 어지럽게 나 있고, 바깥쪽 가장자리에 폭이 일정한 노란색 띠무늬가 있으며, 그 안쪽을 따라 불규칙한 흰색 무늬가 있다. 바깥쪽 가장자리 선은 검은색으로 뚜렷하고, 부드러운 털은 대부분 검은 밤색을 띤다. 앞날개 앞쪽 가장자리 날개 뿌리 쪽과 가로줄들은 검은 밤색을 띠고, 가운데 가로줄 가운데쯤 바깥쪽으로 하얀 삼각형 무늬가 뚜렷하다. 가운데방 끝 바깥쪽으로 짧고 하얀 가로줄 무늬가 3개 있다. 뒷날개 가운데에 있는 흰색 띠무늬는 넓고, 양쪽 경계선을 따라 검은 밤색 띠무늬가 있다. 바깥쪽 가장자리는 얕은 물결 모양이다.

　흰물결물명나방은 온 나라에서 볼 수 있다. 하지만 산골짜기를 중심으로 몇몇 곳에서 산다. 한 해에 한 번 날개돋이하는데, 어른벌레는 7월부터 8월까지 볼 수 있다. 애벌레가 무엇을 먹는지는 아직 알려지지 않았다.

　흰물결물명나방은 1889년 타이완에서 맨 처음 기록되었는데, 우리나라에서는 언제 처음 기록되었는지 뚜렷하지 않다. 중국, 일본에서도 살고 있다. 생물 자원으로 가치가 높아 나라 밖으로 함부로 가져갈 수 없는 '국외 반출 승인 대상 생물 종'으로 정해서 보호하고 있다.

나오는 때 7~8월
사는 곳 온 나라 몇몇 산골짜기
애벌레가 먹는 식물 모름
날개 편 길이 14~20mm

네점노랑물명나방 *Potamomusa midas*

명나방상과 풀명나방과

　네점노랑물명나방은 뒷무늬노랑물명나방과 닮았지만 크기가 더 크고, 앞날개에 있는 은빛 무늬가 달라서 구별된다. 앞날개는 귤색 바탕에 앞쪽 가장자리와 바깥쪽 가장자리는 옅은 누런 밤색을 띤다. 날개 뿌리 쪽에 있는 흰색 부위는 넓고, 가운데에는 옅은 밤색 테를 두른 흰색 무늬가 3개 있다. 바깥쪽 가장자리에는 하얀 세로줄 무늬가 있다. 뒷날개는 가운데에서 가운데 가장자리까지 검은 밤색 비늘 가루가 흩뿌려져 있어 얼룩져 보인다. 바깥쪽 가장자리를 따라 검은 점무늬 5개가 뚜렷하지만, 날개 끝 아래쪽에 있는 점은 크기가 매우 작다.

　네점노랑물명나방은 온 나라 몇몇 산 물가 둘레에서 산다. 어른벌레는 5월부터 9월까지 볼 수 있다. 애벌레는 이끼를 갉아 먹는다고 알려졌다.

　네점노랑물명나방은 1881년 일본에서 맨 처음 기록되었는데, 우리나라에서는 언제 처음 기록되었는지 뚜렷하지 않다. 극동 러시아, 중국에서도 살고 있다. 생물 자원으로 가치가 높아 나라 밖으로 함부로 가지고 나갈 수 없는 '국외 반출 승인 대상 생물 종'으로 정해서 보호하고 있다.

나오는 때 5~9월
사는 곳 온 나라 몇몇 산
애벌레가 먹는 식물 이끼
날개 편 길이 19~27mm

은빛들명나방 *Cirrhochrista brizoalis*

명나방상과 풀명나방과

　은빛들명나방은 앞날개, 뒷날개가 반짝거리는 흰색 바탕이고, 앞날개 앞쪽 가장자리에 붉은 밤색을 띠는 큰 삼각형 무늬가 3개 있어서 다른 들명나방 무리와 구별된다. 앞날개 앞쪽 가장자리와 바깥쪽 가장자리, 뒷날개 바깥쪽 가장자리는 누런 밤색으로 테를 두르고 있다. 가슴과 배 등 면은 흰색이고, 가운데에는 누런 밤색 줄이 있다.

　은빛들명나방은 남부 지역과 제주도 몇몇 곳에 산다. 한 해에 한 번 날개돋이 하는데, 어른벌레는 6월부터 8월까지 볼 수 있다. 애벌레는 뽕나무, 산뽕나무, 천선과나무, 사과나무 잎을 갉아 먹는다고 알려졌다.

　은빛들명나방은 1859년 중국 홍콩에서 맨 처음 기록되었는데, 우리나라에서는 언제 처음 기록되었는지 뚜렷하지 않다. 일본, 타이완, 히말라야, 말레이시아, 오스트레일리아 같은 나라에서도 살고 있다.

나오는 때　6~8월
사는 곳　남부, 제주도
애벌레가 먹는 식물　뽕나무, 산뽕나무, 천선과나무, 사과나무
날개 편 길이　20~24mm

혹명나방 *Cnaphalocrocis medinalis*

명나방상과 풀명나방과

혹명나방은 날개검은들명나방과 닮았다. 하지만 앞날개 앞쪽 가장자리가 폭 넓게 검은 밤색을 띠고, 날개 바깥쪽 가장자리에 있는 검은 밤색 무늬 폭이 좁아서 다르다. 이름처럼 수컷은 앞날개 앞쪽 가장자리에서 날개 뿌리부터 1/3쯤 되는 곳이 혹처럼 튀어나왔다. 앞날개와 뒷날개는 노란색 바탕에 날개에 있는 가로줄은 안쪽으로 살짝 휘어진다.

혹명나방은 온 나라 들판에서 폭넓게 산다. 때때로 곳에 따라 떼로 날개돋이 하는데, 어른벌레는 6월부터 11월까지 볼 수 있다. 애벌레는 벼, 보리, 밭벼, 밀, 기장, 사탕수수, 조, 부용, 무궁화 잎을 갉아 먹는다고 알려졌다. 짝짓기를 마친 암컷은 일주일에 걸쳐 벼 잎에 알을 1~2개씩 낳는다. 알은 납작한 타원형이다. 알에서 나온 애벌레는 20일쯤 지나면 번데기가 된다. 어린 애벌레는 누런 풀색을 띠지만 자라면서 시나브로 붉은색을 띤다. 번데기가 된 뒤 8~15일쯤 지나면 어른벌레로 날개돋이한다. 어른벌레는 9~20일쯤 산다. 어른벌레는 낮에는 벼 잎이나 풀 사이에서 배 끝을 들고 가만히 있다가 해거름부터 짝짓기하거나 알을 낳는다.

혹명나방은 1854년 인도에서 맨 처음 기록되었고, 우리나라에서는 1993년에 처음 기록되었다. 중국, 일본, 타이완, 말레이시아, 미얀마, 오스트레일리아, 아프리카 같은 나라에서도 살고 있다.

나오는 때 6~11월
사는 곳 온 나라 들판
애벌레가 먹는 식물 벼
날개 편 길이 16~19mm

종령 애벌레

애벌레 집과 그 속에 사는 애벌레 모습

회양목명나방 *Glyphodes perspectalis*

명나방상과 풀명나방과

　회양목명나방은 목화바둑명나방과 닮았지만 크기가 더 크고, 날개 가운데방 가운데와 끝부분에 은백색 무늬가 있어서 다르다. 우리나라에 사는 풀명나방과 무리 가운데 크기가 가장 크다. 앞날개는 은백색 바탕에 앞쪽 가장자리와 바깥쪽 가장자리가 폭넓게 검은 밤색을 띤다. 검은 밤색을 띠는 가운데방 가운데에 작은 은백색 무늬가 있으며, 끄트머리에 반달처럼 생긴 은백색 무늬가 있다. 뒷날개는 날개 뿌리부터 가운데 가장자리까지 은백색을 띠어 앞날개보다 은백색 부분이 매우 넓고, 바깥쪽 가장자리는 폭넓게 검은 밤색을 띤다.

　회양목명나방은 온 나라에 폭넓게 산다. 어른벌레는 5월부터 10월까지 볼 수 있다. 한 해에 두세 번 날개돋이한다. 주로 6월에 한 번, 8~9월에 한 번 날개돋이한다. 애벌레는 회양목, 좀회양목 잎을 갉아 먹는다고 알려졌다. 4월 말과 7월 말쯤에 애벌레가 나와 한 달쯤 잎을 갉아 먹은 뒤 번데기가 된다. 다 자란 애벌레 머리는 검고 몸은 반짝이는 풀빛을 띤다. 또 밤색 점무늬가 배 윗면 양쪽으로 줄지어 있다. 애벌레는 잎 여러 개나 작은 가지를 입에서 뽑은 실로 묶고 그 속에서 잎을 갉아 먹는다. 애벌레가 잎을 많이 갉아 먹으면 갉아 먹은 곳이 말라 죽는다. 애벌레로 겨울을 난다.

　회양목명나방은 1859년 중국 북부 지역에서 맨 처음 기록되었고, 우리나라에서는 1993년에 처음 기록되었다. 일본, 타이완, 인도에서도 살고 있다.

나오는 때 5~10월
사는 곳 온 나라 산, 들, 도시
애벌레가 먹는 식물 회양목, 좀회양목
날개 편 길이 38~49mm

애벌레　　　　번데기

목화바둑명나방 *Diaphania indica*

풀잎에 앉은 모습

명나방상과 풀명나방과

목화바둑명나방은 회양목명나방과 닮았지만 크기가 더 작고, 날개 가운데방에 반달처럼 생긴 무늬가 없어서 다르다. 앞날개는 은백색 바탕에 앞쪽 가장자리와 바깥쪽 가장자리가 폭넓게 검은 밤색을 띠고, 그 안쪽은 폭넓게 은백색을 띤다. 뒷날개는 날개 뿌리부터 가운데 가장자리까지 은백색을 띠어 앞날개보다 은백색 부분이 매우 넓고, 바깥쪽 가장자리는 폭넓게 검은 밤색을 띤다.

목화바둑명나방은 온 나라에 폭넓게 산다. 어른벌레는 6월부터 10월까지 볼 수 있다. 애벌레는 무궁화, 목화, 접시꽃, 노랑하늘타리, 하늘타리, 수박, 호박, 오이 같은 식물 잎을 갉아 먹는다고 알려졌다. 짝짓기를 마친 목화바둑명나방 암컷은 잎 뒷면에 알을 하나하나 여기저기 흩어 낳는다. 알에서 갓 나온 애벌레는 잎살만 살살 갉아 먹지만, 자라면 잎을 말고 그 속에서 살면서 잎맥만 남기고 갉아 먹는다. 다 자란 애벌레는 말린 잎 속에서 엉성한 거미줄을 치고 고치를 만든 뒤 그 속에서 번데기가 된다.

목화바둑명나방은 1851년 인도네시아에서 맨 처음 기록되었고, 우리나라에서는 1993년에 처음 기록되었다. 중국, 일본, 타이완, 네팔, 인도, 서아시아, 아프리카, 미국 같은 나라에서도 살고 있다.

나오는 때 6~10월
사는 곳 온 나라 산, 들, 도시
애벌레가 먹는 식물 무궁화, 목화, 접시꽃, 노랑하늘타리, 하늘타리, 수박, 호박, 오이
날개 편 길이 25~30mm

종령 애벌레

애벌레가 갉아 먹은 잎

번데기

큰각시들명나방 *Glyphodes quadrimaculalis*

명나방상과 풀명나방과

큰각시들명나방은 목화바둑명나방과 닮았지만, 앞날개 가운데에 있는 하얀 무늬가 따로따로 나누어져 있어서 다르다. 앞날개는 검은 밤색 바탕에 날개 뿌리 쪽부터 가운데 가장자리까지 흰색 무늬가 잘 발달하는데, 가운데방 끝에 있는 바깥쪽 무늬가 타원형으로 가장 크고, 가운데 가장자리에서는 흰색 무늬가 세로줄 무늬를 이룬다. 뒷날개는 날개 뿌리부터 가운데 가장자리까지 은백색을 띠어 앞날개보다 은백색 부분이 매우 넓고, 바깥쪽 가장자리는 폭넓게 검은 밤색을 띤다.

큰각시들명나방은 온 나라 몇몇 곳에서만 산다. 어른벌레는 5월부터 9월까지 볼 수 있다. 애벌레는 박주가리, 백하수오 잎을 갉아 먹는다고 알려졌다. 애벌레는 잎을 가로로 말거나, 실로 잡아당겨 살짝 접고 그 속에서 산다. 그리고 잎을 여러 장 포개서 만 뒤 그 안에서 잎살을 먹는다. 애벌레 머리는 노랗고, 몸은 풀색을 띤다. 가슴마디마다 양쪽으로 검은 점이 있다. 다 자란 애벌레는 잎을 붙이고 그 속에서 번데기가 된다.

큰각시들명나방은 1853년 중국에서 맨 처음 기록되었고, 우리나라에서는 1993년에 처음 기록되었다. 극동 러시아, 일본에서도 살고 있다.

나오는 때 5~9월
사는 곳 온 나라 몇몇 곳
애벌레가 먹는 식물 박주가리, 백하수오
날개 편 길이 26~36mm

애벌레

애벌레 집

번데기

말굽무늬들명나방 *Eurrhyparodes contortalis*

명나방상과 풀명나방과

　말굽무늬들명나방은 뒷날개 가운데에 말굽처럼 생긴 무늬가 있는 것처럼 보여 다른 들명나방 무리와 구별된다. 앞날개는 옅은 누르스름한 바탕에 앞쪽 가장자리는 폭넓게 옅은 밤색이나 누런 밤색을 띤다. 날개 끄트머리에는 작고 검은 점무늬가 3개씩 있으며, 바깥쪽 가장자리는 색깔이 짙다. 뒷날개 앞쪽 가장자리와 뒤쪽 가장자리는 옅게 누르스름하다. 가운데에 둥그렇고, 짙은 밤색 가로줄로 인해 동그란 무늬가 있는 것처럼 보인다. 바깥쪽 가장자리는 색깔이 짙다.

　말굽무늬들명나방은 온 나라에 폭넓게 산다. 어른벌레는 5월부터 9월까지 볼 수 있다. 애벌레가 무엇을 먹는지는 아직 알려지지 않았다.

　말굽무늬들명나방은 1900년 러시아 아무르 지방에서 맨 처음 기록되었고, 우리나라에서는 1993년에 처음 기록되었다. 중국, 타이완에서도 살고 있다.

나오는 때 5~9월
사는 곳 온 나라
애벌레가 먹는 식물 모름
날개 편 길이 27~32mm

종령 애벌레

홀씨무늬들명나방 *Analthes semitritalis*

홀씨무늬들명나방은 앞날개와 뒷날개 가운데에 커다란 하얀색 무늬가 있어서 다른 들명나방 무리와 구별된다. 앞날개는 노란색 바탕에 커다란 하얀색 무늬들이 있다. 날개 뿌리에는 귤색 털 뭉치가 있다. 앞쪽 가장자리에는 무늬나 가로줄들이 나타나지 않는다. 가운데방 끝부분에 짙은 밤색 테두리를 친 동그란 무늬가 있고, 가운데방 2/3쯤에 있는 짙은 밤색 점무늬가 뚜렷하다. 가운데방 바깥 부분에 접하여 검은 밤색 테두리를 친 큰 흰색 무늬가 있는데, 위쪽은 총알 반쪽 모양이고, 그 아래 무늬는 타원형에 가깝다. 이들 무늬 바깥은 날개 끝을 빼고 대부분 짙은 밤색을 띤다. 뒷날개는 짙은 밤색 바탕에 날개 뿌리로 갈수록 누르스름하다. 뒷날개 가운데에 검은 밤색 테두리를 친 커다란 하얀색 무늬가 있다.

홀씨무늬들명나방은 온 나라에서 볼 수 있다. 하지만 산을 중심으로 몇몇 곳에서 산다. 어른벌레는 5월부터 8월까지 볼 수 있는데, 한 해에 두 번 날개돋이한다. 애벌레가 먹는 식물은 아직 알려지지 않았다.

홀씨무늬들명나방은 1863년 인도에서 맨 처음 기록되었고, 우리나라에서는 1993년에 처음 기록되었다. 중국, 일본, 네팔에서도 살고 있다.

나오는 때 5~8월
사는 곳 온 나라 몇몇 곳
애벌레가 먹는 식물 모름
날개 편 길이 26~32mm

수수꽃다리명나방 상제들명나방 *Palpita nigropunctalis*

명나방상과 풀명나방과

　수수꽃다리명나방은 애기흰들명나방과 닮았지만, 앞날개 가운데에 노란 무늬가 없어서 다르다. 앞날개는 은백색 바탕에 앞쪽 가장자리에 있는 밤색 무늬는 날개 끝에서 가슴 어깨판 중간까지 이어진다. 가운데방에는 작고 검은 밤색 점들이 있다. 가운데방 위쪽 날개맥 위에 검은 밤색 점이 3개 있고, 가운데방 끝부분 아래 날개맥 위에는 점이 한 개 있다. 바깥쪽 가장자리에는 흐릿한 점이 줄지어 있다. 뒷날개는 앞날개보다 크고 넓다. 은백색 바탕에 가운데방 끝부분에 점이 한 개 있다. 바깥쪽 가장자리에는 앞날개와 비슷한 흐릿한 점들이 줄지어 나타난다.

　수수꽃다리명나방은 온 나라에 폭넓게 산다. 어른벌레는 4월부터 10월까지 볼 수 있다. 애벌레는 쥐똥나무, 광나무, 금목서, 구골나무, 들메나무, 쥐똥나무, 수수꽃다리 잎을 갉아 먹는다고 알려졌다. 다 자란 애벌레는 머리가 연한 노란색을 띠고, 몸은 풀색 바탕에 가슴마디마다 검은 점무늬가 있다. 애벌레는 잎 여러 장이나 작은 가지를 실로 엮고 그 속에 들어가서 잎을 갉아 먹는다. 사는 곳에 따라 어른벌레, 번데기, 애벌레로 겨울을 난다.

　수수꽃다리명나방은 1864년 러시아 우수리 지방에서 맨 처음 기록되었고, 우리나라에서는 1993년에 처음 기록되었다. 중국, 일본, 인도, 네팔, 스리랑카에서도 살고 있다.

애벌레

나오는 때 4~10월
사는 곳 온 나라
애벌레가 먹는 식물 쥐똥나무, 광나무, 금목서, 구골나무, 들메나무, 쥐똥나무, 수수꽃다리
날개 편 길이 17~31mm

노랑띠들명나방 *Piletocera luteosignata*

노랑띠들명나방은 앞날개와 뒷날개가 검은 밤색이고, 노란 무늬가 뚜렷하게 나 있어서 다른 들명나방 무리와 구별된다. 머리는 검은 밤색 바탕에 겹눈 둘레는 노란색을 띤다. 가슴은 검은 밤색 바탕에 뒤쪽에 동그란 노란 무늬가 있고, 어깨판에 노란색 털들이 섞여 있다. 배는 검은 밤색 바탕에 배마디 끝부분은 노란색을 띤다.

노랑띠들명나방은 온 나라 산을 중심으로 폭넓게 산다. 한 해에 한 번 날개돋이하는데, 어른벌레는 5월부터 9월까지 볼 수 있다. 애벌레가 먹는 식물은 아직 알려지지 않았다.

노랑띠들명나방은 1990년에 우리나라에서 맨 처음 기록되었고, 나라 밖에서는 알려진 곳이 없다. 그래서 우리나라에서만 사는 한국 고유 생물 종으로서 가치가 높아 나라 밖으로 함부로 가져갈 수 없는 '국외 반출 승인 대상 생물 종'으로 정하여 보호하고 있다.

나오는 때 5~9월
사는 곳 온 나라
애벌레가 먹는 식물 모름
날개 편 길이 18~22mm

끝무늬들명나방 *Pycnarmon pantherata*

명나방상과 풀명나방과

끝무늬들명나방은 앞날개 앞쪽 모서리 쪽으로 누르스름한 무늬가 크게 나 있고, 가운데방 안에 작은 사다리꼴 은백색 무늬가 있어서 다른 들명나방 무리와 구별된다. 앞날개는 누런 밤색이고 앞쪽 가장자리와 뒤쪽 가장자리 날개 뿌리 쪽에 검은 밤색 점무늬가 있고, 가운데 가장자리에 커다란 흰색 또는 연한 누르스름한 무늬가 발달한다. 가운데방 가운데와 끝부분에는 짙은 밤색 테두리를 친 귤색 무늬가 있는데, 바깥쪽 무늬가 안쪽보다 훨씬 크다. 그리고 그 사이는 은백색을 띠고, 사다리꼴 무늬로 보인다. 바깥쪽 가장자리에는 검은 밤색 테두리를 친 굵기가 일정한 귤색 또는 옅은 노란색 띠무늬가 있다. 뒷날개는 앞날개 바탕색보다는 누런 잿빛이 돌고, 앞쪽 가장자리 날개 뿌리와 뒤쪽 가장자리 쪽으로 갈수록 색깔이 옅어진다.

끝무늬들명나방은 온 나라 몇몇 곳에서 산다. 어른벌레는 5월부터 8월까지 볼 수 있다. 애벌레는 갈참나무 잎을 갉아 먹는다고 알려졌다. 사는 모습은 더 밝혀져야 한다.

끝무늬들명나방은 1878년 일본에서 맨 처음 기록되었고, 우리나라에서는 1993년에 처음 기록되었다. 중국, 타이완에서도 살고 있다.

나오는 때 5~8월
사는 곳 온 나라 몇몇 곳
애벌레가 먹는 식물 갈참나무
날개 편 길이 21~27mm

종령 애벌레

애벌레 집

줄검은들명나방 *Tyspanodes hypsalis*

명나방상과 풀명나방과

줄검은들명나방은 꽃날개들명나방과 닮았지만, 앞날개가 잿빛을 띠어 다르다. 이름처럼 검은 줄무늬가 뚜렷하게 나 있다. 머리는 옅은 노란색 바탕에 귤색 털들이 섞여 있다. 가슴은 귤색이거나 짙은 노란색 바탕에 어깨판 가장자리로 갈수록 색깔이 옅어진다. 배는 귤색 또는 짙은 노란색 바탕에 가운데는 광택이 나는 짙은 밤색을 띤다. 앞날개는 잿빛 바탕에 날개 뿌리 쪽은 좁게 밝은 노란색을 띠고, 검은색 또는 검은 밤색 줄무늬가 온 날개에 나 있다. 줄무늬는 날개맥 사이를 따라 길게 나타난다. 뒷날개는 잿빛 바탕에 뒤쪽 가장자리는 노란빛이 돈다.

줄검은들명나방은 온 나라에 폭넓게 산다. 어른벌레는 5월부터 10월까지 볼 수 있다. 애벌레는 고추나무 잎을 갉아 먹는다고 알려졌다. 애벌레 머리는 연한 노란색이며, 앞가슴 양쪽에 작고 검은 점이 있다. 옆구리에 있는 숨구멍은 붉은 밤색을 띤다. 애벌레는 잎 두 장을 살짝 뜨게 서로 붙인 뒤 그 속에 들어가 잎을 갉아 먹고 산다.

줄검은들명나방은 1891년 중국 북부 지역에서 맨 처음 기록되었고, 우리나라에서는 1993년에 처음 기록되었다. 타이완에서도 살고 있다.

나오는 때 5~10월
사는 곳 온 나라
애벌레가 먹는 식물 고추나무
날개 편 길이 27~29mm

애벌레

사과나무나방 사과고엽나비북 *Odonestis pruni rufescens*

솔나방상과 솔나방과

사과나무나방은 대나방과 닮았지만, 가운데방에 은색 점무늬가 한 개 뚜렷하게 나 있어서 다르다. 대나방은 두 개다. 앞날개는 주황색 바탕에 붉은 밤색 비늘 가루가 흩뿌려져 있고, 뒤쪽 가장자리 날개 뿌리에 짙은 노란색 털 뭉치가 있다. 가로줄은 붉은 밤색 또는 검은 밤색을 띠고, 가운데방 끝부분에 있는 점무늬는 은백색으로 크고, 뚜렷하다. 뒷날개는 노란색 바탕에 바깥쪽 가장자리 색깔이 짙고, 뒤쪽 가장자리 모서리에서 날개 뿌리 쪽으로 갈수록 긴 털들로 덮여 있다. 바깥쪽 가장자리는 앞날개 바깥쪽 가장자리와 비슷하게 물결 모양이다.

사과나무나방은 온 나라 산을 중심으로 폭넓게 산다. 한 해에 두 번 날개돋이 하는데, 어른벌레는 5월부터 9월까지 볼 수 있다. 애벌레는 밤나무, 상수리나무, 양벚나무, 사과, 산돌배 잎을 갉아 먹는다고 알려졌다.

사과나무나방은 1758년 러시아 우수리 지방에서 맨 처음 기록되었는데, 우리나라에서는 언제 처음 기록되었는지 뚜렷하지 않다. 중국, 일본, 타이완, 유럽 같은 곳에서도 살고 있다. 북녘에서는 '사과고엽나비'라고 한다.

나오는 때 5~9월
사는 곳 온 나라
애벌레가 먹는 식물 밤나무, 상수리나무, 양벚나무, 사과, 산돌배
날개 편 길이 40~72mm

대만나방 타이완나방 *Paralebeda femorata*

대만나방은 앞날개 가운데에 큰 무늬가 있어서 다른 솔나방 무리와 구별된다. 앞날개는 누런 밤색이거나 붉은 밤색을 띠며, 가운데를 중심으로 뒤쪽 가장자리까지 허연 테두리를 친 붉은 밤색이거나 검은 밤색을 띤 큰 무늬가 있다. 가운데 가장자리에는 날개맥 사이가 오목하게 들어간 물결 모양이 있으며, 바깥쪽 가장자리까지 폭넓게 짙은 밤색을 띤다. 뒤쪽 가장자리 끝부분에 동그란 검은 밤색 무늬가 있다. 뒷날개 바탕색은 앞날개와 비슷하지만, 앞쪽 가장자리 색깔이 더 옅고, 앞쪽 가장자리 아래에서 뒤쪽 모서리 부근까지 안쪽으로 살짝 오목하게 들어간 가로줄이 있다.

대만나방은 온 나라 몇몇 곳에서 산다. 한 해에 한 번 날개돋이하고, 어른벌레는 6월부터 9월까지 볼 수 있다. 애벌레는 은행나무, 병꽃나무, 황철나무, 떡갈나무, 피나무, 신나무 잎을 갉아 먹는다고 한다. 다 자란 애벌레로 겨울을 난다.

대만나방은 1858년 러시아 아무르 지방에서 맨 처음 기록되었고, 우리나라에서는 1982년 처음 기록되었다. 중국, 타이완, 인도 같은 곳에서도 살고 있다.

나오는 때 6~9월
사는 곳 온 나라 몇몇 곳
애벌레가 먹는 식물 은행나무, 병꽃나무, 황철나무, 떡갈나무, 피나무, 신나무
날개 편 길이 60~112mm

누에나방 *Bombyx mori*

누에나방상과 누에나방과

　누에나방은 멧누에나방과 닮았지만, 온 날개가 허에서 다르다. 멧누에나방은 날개가 누렇고 줄무늬가 있다. 앞날개 끝 바로 아랫부분이 초승달처럼 크게 오목하게 들어가면서 크게 튀어나와 보이는데, 암컷은 수컷보다 덜 튀어나온다.

　누에나방은 산에서는 거의 볼 수 없고 사람이 고치에서 실을 뽑으려고 아주 오래전부터 집에서 기르는 나방이다. 한 해에 두 번 날개돋이하고, 어른벌레는 5~6월과 10~11월에 볼 수 있다. 누에나방과에 속하는 어른벌레는 어느 것이나 입이 퇴화해서 먹이를 먹을 수 없다.

　누에나방 애벌레는 '누에'라고 한다. 5,000~1만 년 전에 중국에서 멧누에나방을 집에서 기르기 시작하면서 사람 손에 의해 바뀐 것으로 알려졌다. 애벌레는 뽕나무류 잎을 갉아 먹는다. 1령 애벌레는 몸이 검고 털이 많아서 '개미누에(蟻蠶)', '털누에'라고도 한다. 그런데 1령 막바지에는 이 털이 눈에 띄지 않게 된다. 누에는 3일쯤 지나면 7mm쯤 자라며, 갑자기 아무것도 먹지 않고 움직이지도 않는다. 이때를 '잠(眠)'이라 한다. 이때는 허물을 벗으려고 준비하는 때다. 하루쯤 지나면 잠에서 깨어나 허물을 벗고 2령 애벌레가 된다. 3령 애벌레가 되면 여러 품종마다 저마다 다른 무늬가 뚜렷하게 나타난다. 4~5령 애벌레 때 가장 잘 자라는데, 5령 말기가 되면 아무것도 먹지 않고 입에서 실을 내뱉으면서 고치를 만들기 시작한다. 이때 누에를 '숙잠(熟蠶)' 또는 '익은 누에'라고 하는데, 살갗이 투명해 보인다. 보통 네 번 허물을 벗고 번데기가 된다.

　누에나방은 1758년 중국에서 맨 처음 기록되었고, 우리나라에서는 언제 처음 기록되었는지 뚜렷하지 않다. 일본, 타이완, 남아시아, 유럽 같은 곳에서도 살고 있다.

나오는 때 5~6월, 10~11월
사는 곳 집
애벌레가 먹는 식물 뽕나무류
날개 편 길이 38~50mm

반달누에나방 *Mirina christophi*

누에나방상과 반달누에나방과

　반달누에나방은 앞날개 가운데방 끝부분에 있는 가로맥에 커다란 검은색 점무늬가 있어서 다른 누에나방 무리와 구별된다.

　반달누에나방은 온 나라에서 볼 수 있다. 하지만 산을 중심으로 몇몇 곳에서 산다. 한 해에 한 번 날개돋이하는데, 어른벌레는 4월부터 6월까지 볼 수 있다. 애벌레는 병꽃나무 잎을 갉아 먹는다고 알려졌다. 어린 애벌레는 윗면은 검은색, 아랫면 붉은 누런색을 띠고, 검은색 돌기가 많이 나 있다. 애벌레가 자라면 윗면은 풀색으로 바뀌고 긴 돌기도 풀색으로 바뀌면서 눈에 잘 띄지 않는다. 다 자란 애벌레는 나무줄기에 질긴 밤색 고치를 만들어 붙이고 번데기가 된다. 고치를 처음 만들기 시작할 때는 둥그렇고 풀색이지만 뒤로 갈수록 밤색으로 색깔이 바뀌고 생김새도 마치 팽이처럼 바뀐다.

　반달누에나방은 1887년 극동 러시아에서 맨 처음 기록되었고, 우리나라에서는 1964년에 서울에서 처음 기록되었다. 한국과 극동 러시아에서만 살고 있다. 생물 자원으로 가치가 높아 나라 밖으로 함부로 가져갈 수 없는 '국외 반출 승인 대상 생물 종'으로 정해서 보호하고 있다.

나오는 때 4~6월
사는 곳 온 나라 산 몇몇 곳
애벌레가 먹는 식물 병꽃나무
날개 편 길이 40~55mm

2령 애벌레
4령 애벌레
5령 애벌레
번데기

긴꼬리산누에나방 개암나무누에나비북 *Actias artemis*

누에나방상과 산누에나방과

긴꼬리산누에나방은 옥색긴꼬리산누에나방과 매우 닮았지만, 뒷날개 가운데에 있는 동그란 무늬가 긴 타원형으로 생겼고, 바깥 테두리가 흐릿해서 다르다. 앞날개는 옥색 바탕에 날개 뿌리 쪽에 하얀 털들이 나 있다. 앞쪽 가장자리는 적자색 바탕에 끄트머리로 갈수록 흰색이 돌고, 날개 뿌리에서 날개 끝까지 갈수록 폭이 좁아진다. 가운데방 끝부분에 있는 가로줄 무늬는 긴 타원형이다. 초록빛이 도는 노란색 바탕에 안쪽 부분은 검은 테두리를 두르고, 바깥 테두리는 옅은 노란색으로 흐릿하다. 뒷날개는 앞날개 색깔과 비슷하다. 날개 끝이 꼬리처럼 긴데, 암컷이 수컷보다 더 길다.

긴꼬리산누에나방은 온 나라 산을 중심으로 폭넓게 산다. 한 해에 두 번 날개돋이하고, 어른벌레는 4월부터 8월까지 볼 수 있다. 애벌레는 오리나무, 밤나무, 갈참나무, 졸참나무, 매실나무, 복사나무, 벚나무, 사과나무, 버드나무, 갯버들 같은 나뭇잎을 갉아 먹는다고 알려졌다.

긴꼬리산누에나방은 1853년 일본에서 맨 처음 기록되었는데, 우리나라에서는 언제 처음 기록되었는지 뚜렷하지 않다. 극동 러시아, 중국에서도 살고 있다. 북녘에서는 '개암나무누에나비'라고 한다.

나오는 때 4~8월
사는 곳 온 나라 산
애벌레가 먹는 식물 오리나무, 밤나무, 갈참나무, 졸참나무, 매실나무, 복사나무, 벚나무, 사과나무, 버드나무, 갯버들
날개 편 길이 수컷 80~101mm, 암컷 112mm 안팎

애벌레   번데기 집

참나무산누에나방 천잠나비북 *Antheraea yamamai*

누에나방상과 산누에나방과

참나무산누에나방은 밤나무산누에나방과 닮았지만, 앞날개와 뒷날개에 있는 바깥쪽 가로줄이 물결처럼 구불구불하지 않아서 다르다. 날개는 노란색이거나 붉은 노란색 바탕에 가운데방마다 검은 테두리를 친 커다란 눈알 모양 무늬가 있으며, 그 안쪽으로 오목한 짧은 선이 뚜렷하다. 뒷날개 무늬와 가로줄들은 앞날개와 비슷하고, 바깥쪽 가장자리는 둥그스름하다.

참나무산누에나방은 온 나라에서 볼 수 있다. 하지만 산을 중심으로 몇몇 곳에서 산다. 한 해에 한 번 날개돋이하는데, 어른벌레는 7월부터 9월까지 볼 수 있다. 애벌레는 밤나무, 졸참나무, 상수리나무, 북가시나무, 사과나무, 벚나무류 같은 나뭇잎을 갉아 먹는다고 알려졌다. 다 자란 애벌레는 머리가 짙은 밤색을 띠고, 몸은 초록색을 띤다. 가늘고 검은 털들이 뭉쳐 있는 돌기 끝부분은 연한 노란색을 띤다. 입에서 실을 뽑아 허연 고치를 만들고 번데기가 된다.

참나무산누에나방은 1861년 러시아 우수리 지방에서 맨 처음 기록되었는데, 우리나라에서는 언제 처음 기록되었는지 뚜렷하지 않다. 중국, 일본에서도 살고 있다. 북녘에서는 '천잠나비'라고 한다.

나오는 때 7~9월
사는 곳 온 나라 산 몇몇 곳
애벌레가 먹는 식물 밤나무, 졸참나무, 상수리나무, 북가시나무, 사과나무, 벚나무류
날개 편 길이 112~145mm

애벌레

고치

밤나무산누에나방 밤나주누에나방북 *Caligula japonica*

암컷

누에나방상과 산누에나방과

밤나무산누에나방은 작은산누에나방과 닮았지만, 앞날개 바깥쪽 가로줄이 바깥쪽으로 볼록하게 굽어서 다르다.

밤나무산누에나방은 온 나라 산을 중심으로 폭넓게 산다. 한 해에 한 번 날개돋이하는데, 어른벌레는 8월부터 11월까지 볼 수 있다. 애벌레는 은행나무, 호두나무, 가래나무, 밤나무, 상수리나무, 떡갈나무, 뽕나무, 양버즘나무, 녹나무, 매실나무, 옻나무, 배롱나무, 싸리나무 같은 나뭇잎을 갉아 먹는다고 알려졌다. 짝짓기를 마친 암컷은 희끄무레한 알을 나뭇가지에 수십 개 모아 붙여 낳는다. 알로 겨울을 난다. 이듬해 봄에 나온 어린 애벌레는 잿빛이 도는 검은색을 띠고, 옆줄은 미색을 띤다. 다 자란 애벌레 몸은 초록색이고, 옆구리에 있는 숨구멍은 옅은 파란색으로 뚜렷하게 보인다. 온몸에 가늘고 긴 털들이 잔뜩 나 있다. 다 자란 애벌레는 실을 얼기설기 엮어 구멍이 숭숭 뚫린 그물처럼 생긴 큰 고치를 만들고 그 속에서 번데기가 된다.

밤나무산누에나방은 1862년 일본에서 맨 처음 기록되었는데, 우리나라에서는 언제 처음 기록되었는지 뚜렷하지 않다. 극동 러시아, 중국, 타이완에서도 살고 있다. 북녘에서는 '밤나주누에나방'이라고 한다.

나오는 때 8~11월
사는 곳 온 나라 산
애벌레가 먹는 식물 은행나무, 호두나무, 가래나무, 밤나무, 상수리나무, 떡갈나무, 뽕나무, 양버즘나무, 녹나무, 매실나무, 옻나무, 배롱나무, 싸리나무
날개 편 길이 74~124mm

종령 애벌레

고치

가중나무고치나방 등경수나비북 *Samia cynthia*

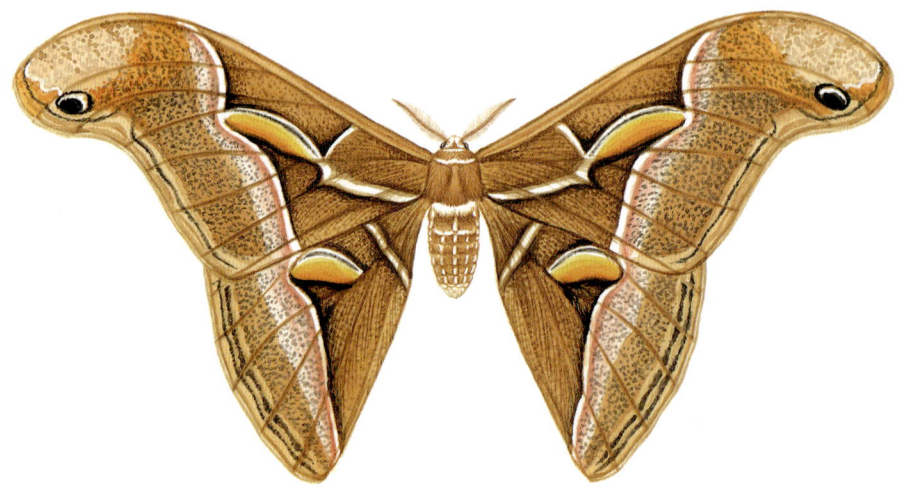

누에나방상과 산누에나방과

　가중나무고치나방은 앞날개 앞쪽 모서리가 크게 튀어나오고, 바깥쪽 가장자리에서 뒷날개 바깥쪽 가장자리까지 마치 뱀을 닮은 무늬가 있어서 다른 산누에나방 무리와 다르다. 나방 가운데 몸집이 아주 크다.

　가중나무고치나방은 온 나라에서 볼 수 있다. 하지만 산을 중심으로 몇몇 곳에서 산다. 어른벌레는 5월부터 9월까지 볼 수 있다. 애벌레는 가중나무, 소태나무, 상수리나무, 녹나무, 대추나무 같은 나뭇잎을 갉아 먹는다고 알려졌다. 어린 애벌레는 몸이 누르스름하고, 짧고 하얀 털이 난 돌기들이 있다. 다 자란 애벌레는 몸이 엷은 풀색이거나 파르스름한 풀색 바탕에 작고 검은 점들이 있고, 몸마디마다 살갗 돌기가 6개씩 솟아 있다. 이 살갗 돌기는 때로 하늘색을 띠기도 한다. 머리와 가슴은 누런 밤색이거나 옅은 노란색을 띠고 있는데, 머리가 늘 가슴 안쪽으로 들어가 있어서 잘 보이지 않는다. 애벌레는 몸집이 커서 잎도 아주 많이 갉아 먹는다. 그래서 애벌레가 많이 생기면 나뭇잎을 몽땅 갉아 먹어 벌거숭이로 만들기도 한다. 다 자란 애벌레는 잎을 붙인 뒤에 밤색이나 잿빛, 흰색 고치를 만들고 그 안에서 번데기가 된 뒤 겨울을 난다.

　가중나무고치나방은 1773년 중국에서 맨 처음 기록되었는데, 우리나라에서는 언제 처음 기록되었는지 뚜렷하지 않다. 일본, 오스트레일리아, 말레이시아, 인도에서도 살고 있다. 북녘에서는 '둥경수나비'라고 한다.

애벌레

고치

나오는 때 5~9월
사는 곳 온 나라 산 몇몇 곳
애벌레가 먹는 식물 가중나무, 소태나무, 상수리나무, 녹나무, 대추나무
날개 편 길이 104~120mm

왕물결나방 쥐똥나방 *Brahmaea certhia*

누에나방상과 왕물결나방과

왕물결나방은 산왕물결나방과 닮았지만, 배마디 끝부분마다 누런 밤색 털이 나 있어서 다르다. 나방 가운데 몸집이 크다.

왕물결나방은 온 나라에서 볼 수 있다. 하지만 산을 중심으로 몇몇 곳에서 산다. 한 해에 두 번 날개돋이하는데, 어른벌레는 5월부터 8월까지 볼 수 있다. 애벌레는 물푸레나무, 쥐똥나무, 광나무, 수수꽃다리, 금목서, 목서, 사철나무 같은 나뭇잎을 갉아 먹는다고 알려졌다. 짝짓기를 마친 암컷은 애벌레가 먹을 잎 뒷면에 알을 한 개씩 낳는다. 알에서 깨어난 애벌레는 허물을 4번 벗고 큰다. 다 자란 애벌레는 연한 누런 밤색 바탕에 검은 밤색 무늬가 폭넓게 퍼져 있어 얼룩져 보인다. 앞가슴에는 붉은색 테두리를 두른 눈알처럼 생긴 무늬가 있다. 가슴과 배에 있는 다리는 까맣다. 애벌레는 몸집이 아주 크다. 그래서 때로는 나뭇잎을 몽땅 갉아 먹을 만큼 잎을 많이 갉아 먹는다. 다 자란 애벌레는 땅속으로 들어가 번데기가 되어 겨울을 난다. 번데기는 검은 밤색을 띤다.

왕물결나방은 1793년 중국에서 맨 처음 기록되었는데, 우리나라에서는 언제 처음 기록되었는지 뚜렷하지 않다. 한국과 중국에서만 살고 있다.

경고색 배쪽 모습

나오는 때 5~8월
사는 곳 온 나라 산 몇몇 곳
애벌레가 먹는 식물 물푸레나무, 쥐똥나무, 광나무, 수수꽃다리, 금목서, 목서, 사철나무
날개 편 길이 115~131mm

3령 애벌레 4령 애벌레 5령 애벌레

갈고리박각시 _{틀한띠가는박나비북} *Ambulyx japonica koreana*

누에나방상과 박각시과

　갈고리박각시는 앞날개 가운데에 검은색 굵은 띠가 있어서 다른 박각시 무리와 구별된다. 앞날개는 좁고 길다. 앞날개는 옅은 누런 밤색 바탕에 가운데 가로줄은 까맣고 매우 굵다. 날개 뿌리와 가운데방 끝부분에는 검은 점무늬가 있다. 날개 끝에서 뒤쪽 모서리까지 볼록한 모양으로 짙은 밤색을 띠어 초승달 같은 무늬로 보인다. 뒷날개는 앞날개보다 매우 작고, 옅은 노란색 바탕에 뒤쪽 가장자리 날개 뿌리 쪽은 누런 밤색 털들로 덮여 있다. 바깥쪽 가장자리는 짙은 고동색이거나 짙은 밤색을 띤다.

　갈고리박각시는 온 나라에서 볼 수 있다. 하지만 산을 중심으로 몇몇 곳에서 산다. 어른벌레는 4월부터 7월까지 볼 수 있다. 애벌레는 가래나무, 서어나무 잎을 갉아 먹는다고 알려졌다. 다 자란 애벌레는 짙은 풀색 바탕에 작고 하얀 홈들이 여기저기 나 있다. 배마디에는 하얀 줄무늬가 비스듬히 나 있고, 옆구리에 있는 숨구멍은 타원형이고 옅은 노란색을 띤다. 배 끝부분에 있는 갈고리처럼 생긴 꼬리돌기는 녹색인데, 끝은 까맣다. 허물을 4번 벗고 5령 애벌레가 된 뒤 번데기가 된다.

　갈고리박각시 아종(*Ambulyx japonica koreana*)은 1993년 강원도 오대산에서 잡아 맨 처음 기록되었다. 중국 남부, 일본, 타이완에서도 살고 있다. 북녘에서는 '틀한띠가는박나비'라고 한다. 생물 자원으로 가치가 높아 나라 밖으로 함부로 가져갈 수 없는 '국외 반출 승인 대상 생물 종'으로 정해서 보호하고 있다.

나오는 때 4~7월
사는 곳 온 나라 산 몇몇 곳
애벌레가 먹는 식물 가래나무, 서어나무
날개 편 길이 80~98mm

녹색박각시 파란박나비북 *Callambulyx tatarinovii*

누에나방상과 박각시과

　녹색박각시는 앞날개가 풀색을 띠고, 뒷날개 뿌리부터 가운데 가장자리까지 붉은색을 띠어서 다른 박각시 무리와 구별된다. 앞날개는 옅은 청록색이거나 녹색 바탕에 뒤쪽 가장자리는 색깔이 짙거나 분홍빛이 돈다. 가로줄과 가로띠는 짙은 녹색을 띤다. 날개 끝에는 화살촉처럼 생긴 큰 무늬가 있다. 개체마다 바탕색과 무늬 차이가 있다. 뒷날개는 가장자리를 빼고는 분홍색 털들로 폭넓게 덮여 있다. 뒤쪽 가장자리에서 바깥쪽 가장자리 중간 쪽으로 짙은 녹색 무늬가 나타난다.

　녹색박각시는 온 나라 산을 중심으로 폭넓게 산다. 한 해에 두 번 날개돋이 하는데, 어른벌레는 5월부터 10월까지 볼 수 있다. 애벌레는 느릅나무, 느티나무 잎을 갉아 먹는다고 알려졌다. 다 자란 애벌레는 누르스름한 풀색이거나 옅은 녹색 바탕에 작고 하얀 홈들이 흩어져 나 있다. 등 가운데에 난 줄무늬는 허옇다. 또 1번째, 3번째, 5번째, 7번째 배마디에 잿빛이나 누르스름한 사선 무늬가 있고, 이 무늬에 잇닿아 붉은 밤색이나 검은 밤색을 띤 커다란 무늬가 있다. 배 끝부분에 있는 가시처럼 생긴 꼬리돌기는 붉은 밤색이나 검은 밤색을 띠는데, 꼬리돌기 4분의 3쯤에는 누런 풀색을 띤 띠무늬가 있다. 다 자란 애벌레는 땅속으로 들어가 번데기가 되어 겨울을 난다.

　녹색박각시는 1852년 중국 남부 지역에서 맨 처음 기록되었고, 우리나라에서는 1905년 처음 기록한 것으로 알려졌다. 극동 러시아, 일본에서도 살고 있다. 북녘에서는 '파란박나비'라고 한다.

애벌레

나오는 때 5~10월
사는 곳 온 나라 산
애벌레가 먹는 식물 느릅나무, 느티나무
날개 편 길이 53~81mm

대왕박각시 *Langia zenzeroides*

누에나방상과 박각시과

　대왕박각시는 앞날개가 매우 길고 좁으며, 바깥쪽 가장자리가 깊게 파인 톱날처럼 생겨서 다른 박각시 무리와 구별된다. 모든 나방 가운데 몸집이 아주 큰 편이고, 이름처럼 박각시 무리 가운데 가장 크다.

　대왕박각시는 남부 지역 몇몇 곳과 중부 지방을 중심으로 몇몇 곳에서 산다. 다른 박각시류와 달리 기온이 매우 낮은 이른 봄에 나온다. 한 해에 한 번 날개돋이하고, 어른벌레는 3월부터 5월 중순까지 볼 수 있다.

　대왕박각시 알은 붉은 밤색이고 팥알처럼 생겼다. 알은 여러 개가 무더기로 모여 있다. 애벌레는 복숭아나무 잎을 갉아 먹는다고 알려졌다. 다 자란 애벌레는 짙은 녹색 바탕에 작고 하얀 홈들이 여기저기 흩어져 있다. 애벌레는 몸집이 아주 커서 크기가 100mm쯤 된다. 머리 양 뺨과 등 가장자리 쪽에는 누르스름한 줄무늬가 있다. 옆구리에 있는 숨구멍은 타원형이고 하늘색을 띠어 뚜렷하게 보인다. 8번째 배마디 등 쪽에 있는 꼬리돌기는 커다랗고 녹색을 띤다. 번데기는 검은 밤색인데 얼룩덜룩하다.

　대왕박각시는 1872년 히말라야 남서부 지역에서 맨 처음 기록되었고, 우리나라에서는 1959년에 경기도 광릉에서 채집하여 처음 기록되었다. 중국, 일본, 타이완, 인도 남부에서도 살고 있다. 생물 자원으로 가치가 높아 나라 밖으로 함부로 가져갈 수 없는 '국외 반출 승인 대상 생물 종'으로 정해서 보호하고 있다.

나오는 때 3~5월
사는 곳 중부와 남부 지방 몇몇 곳
애벌레가 먹는 식물 복숭아나무
날개 편 길이 126~143mm

알　　종령 애벌레　　보호색

벚나무박각시 *Phyllosphingia dissimilis*

벚나무박각시는 톱날개박각시와 닮았지만, 앞날개 가운데에 검은 밤색 무늬가 있어서 다르다. 톱날개박각시는 아무 무늬도 없다. 앞날개는 좁고 길다. 앞날개는 자줏빛 밤색이거나 밤색 바탕에 가운데에서 앞쪽 가장자리까지 검은 밤색 무늬가 나타난다. 앞쪽 가장자리 날개 뿌리 쪽에 경계가 흐릿한 검은 밤색 부분이 있지만 뒤쪽 가장자리에 닿지 않는다. 뒷날개는 누런 밤색 바탕에 바깥쪽 가장자리는 자줏빛 밤색을 띠고, 짙은 밤색 가로줄들이 흐릿하게 나타난다.

벚나무박각시는 온 나라에서 볼 수 있다. 하지만 산을 중심으로 몇몇 곳에서 산다. 한 해에 한 번 날개돋이하는데, 어른벌레는 5월부터 8월까지 볼 수 있다. 애벌레는 호두나무, 가래나무, 벚나무, 왕벚나무 잎을 갉아 먹는다고 알려졌다. 다 자란 애벌레는 옅은 녹색 바탕에 작고 하얀 돌기들이 여기저기 돋아 있다. 머리는 거의 세모꼴로 생겼는데 끝이 뾰족한 편이며, 양쪽 뺨을 따라 굵고 하얀 띠무늬가 뚜렷하다. 가슴다리는 붉은 밤색을 띤다. 배마디에는 옅은 누런 밤색 빗줄들이 있으며, 7번째 배마디에 있는 빗줄은 더 굵고, 꼬리돌기와 이어져 있다. 꼬리돌기는 길며, 작고 허연 돌기들이 여기저기 돋아 있다. 번데기로 겨울을 난다.

벚나무박각시는 1861년 러시아 우수리 지역에서 맨 처음 기록되었고, 우리나라에서는 1946년에 북한에서 잡아 처음 기록된 것으로 알려졌다. 중국, 일본에서도 살고 있다.

나오는 때 5~8월
사는 곳 온 나라 산 몇몇 곳
애벌레가 먹는 식물 호두나무, 가래나무, 벚나무, 왕벚나무
날개 편 길이 90~118mm

주홍박각시 붉은박나비북 *Deilephila elpenor*

풀에 앉은 어른벌레

누에나방상과 박각시과

주홍박각시는 날개 바깥쪽 가장자리가 폭넓게 주홍색을 띠어서 다른 박각시 무리와 구별된다.

주홍박각시는 온 나라 산을 중심으로 제법 폭넓게 산다. 어른벌레는 5월부터 9월까지 볼 수 있다. 애벌레는 달맞이꽃, 봉선화, 물봉선, 분홍바늘꽃, 흰솔나물, 토란, 부처꽃, 털부처꽃, 봉숭아 같은 풀잎을 갉아 먹는다고 알려졌다. 덜 자란 애벌레는 까만 무늬가 있는 녹색을 띠지만, 다 자란 애벌레는 짙은 잿빛 바탕에 까만 무늬가 있어 얼룩져 보인다. 1번째, 2번째 배마디에는 눈알처럼 생긴 무늬가 있어서 밤색 껍질 무늬와 어우러져 마치 작은 뱀처럼 보인다. 위험을 느끼면 이 부분을 부풀리면서 몸을 옆으로 크게 흔든다. 덜 자란 애벌레는 낮에도 잘 보이지만 다 자란 애벌레는 낮에는 땅 가까이 있다가 밤이 되면 잎을 갉아 먹으러 줄기 위로 올라간다. 그러다 땅속에 들어가 번데기가 된다.

주홍박각시는 1758년 유럽에서 맨 처음 기록되었고, 우리나라에서는 1887년에 처음 기록되었다. 극동 러시아, 중국, 일본, 타이완, 베트남, 인도, 미국 같은 곳에서도 살고 있다. 북녘에서는 '붉은박나비'라고 한다.

나오는 때 5~9월
사는 곳 온 나라 산
애벌레가 먹는 식물 달맞이꽃, 봉선화, 물봉선, 분홍바늘꽃, 흰솔나물, 토란, 부처꽃, 털부처꽃, 봉숭아
날개 편 길이 55~65mm

애벌레

번데기

작은검은꼬리박각시 *Macroglossum bombylans*

누에나방상과 박각시과

작은검은꼬리박각시는 머리와 가슴이 누르스름한 풀색을 띠고, 뒷날개 앞쪽 가장자리와 뒤쪽 가장자리에 있는 주황색 부분이 매우 좁아서 다른 꼬리박각시 무리와 구별된다. 앞날개는 자줏빛 밤색 바탕에 가로줄과 가로띠는 검은 밤색을 띤다. 뒷날개는 앞날개보다 매우 작고, 삼각형에 가깝다. 고동색 바탕에 앞쪽 가장자리는 허옇고, 뒤쪽 가장자리는 귤색이나 주황색을 띤다.

작은검은꼬리박각시는 온 나라에 제법 폭넓게 산다. 한 해에 한 번 날개돋이 하는데, 어른벌레는 7월부터 10월까지 볼 수 있다. 낮에 꽃꿀을 빨며, 재빠르게 날아다닌다. 생김새와 하는 짓이 꼭 뒤영벌류를 닮았다. 애벌레는 꼭두서니 잎을 갉아 먹는다고 알려졌다. 다 자란 애벌레는 초록색 바탕에 작고 허연 돌기들이 촘촘히 줄지어 있고, 흰 줄무늬가 많이 나 있다. 머리는 녹색 바탕에 짙은 노란색 줄무늬가 2쌍 있고, 그 사이는 하늘색을 띤다. 다리는 옅은 밤색을 띤다. 등쪽 가장자리에 있는 하얀 돌기들이 큰데, 뒤쪽으로 갈수록 작아진다. 꼬리돌기는 곧게 뻗었는데 푸른 자줏빛을 띠며, 끄트머리는 연한 노란색을 띤다.

작은검은꼬리박각시는 1875년 중앙아시아에서 맨 처음 기록되었고, 우리나라에서는 경기도 광릉에서 잡아 1959년에 처음 기록되었다. 극동 러시아, 중국, 일본, 타이완, 베트남, 인도 북부 같은 곳에서도 살고 있다.

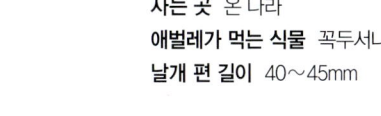

나오는 때 7~10월
사는 곳 온 나라
애벌레가 먹는 식물 꼭두서니
날개 편 길이 40~45mm

애벌레

번데기

뱀눈박각시 집박나비북 *Smerinthus planus*

누에나방상과 박각시과

뱀눈박각시는 버들박각시와 닮았지만, 앞날개에 있는 가로줄들과 뒷날개에 있는 큼지막한 눈알처럼 생긴 무늬가 달라서 구별된다. 뒷날개 가운데 아래에 굵은 검은색 테두리를 친 커다란 눈알 모양 무늬가 뚜렷하고, 위쪽 둘레는 폭넓게 홍색을 띤다.

뱀눈박각시는 온 나라 산을 중심으로 제법 폭넓게 산다. 어른벌레는 5월부터 9월까지 볼 수 있다. 애벌레는 버드나무, 은수원사시나무, 황철나무, 장미, 매실나무, 벚나무, 사과나무 같은 나뭇잎을 갉아 먹는다고 알려졌다. 애벌레는 주로 아래로 축 처진 버드나무 가지에서 머리를 아래로 향하고 잎을 갉아 먹고 있어서 잘 보이지 않는다. 다 자란 애벌레는 초록색 바탕에 옅은 노란색 작은 돌기들이 여기저기 촘촘히 나 있다. 머리 둘레에는 하얀 테두리가 있다. 배마디에는 노란색 빗줄들이 나 있으며, 7번째 배마디에 있는 빗줄은 굵고, 꼬리돌기와 이어져 있다. 숨구멍 둘레와 배 윗면에 밤색 점들이 있는 개체도 있다. 꼬리돌기는 길며, 희끄무레한 작은 돌기들이 여기저기 돋아 있다. 번데기로 겨울을 난다.

뱀눈박각시는 1856년 중국 북부 지역에서 맨 처음 기록되었고, 우리나라에서는 1887년에 처음 기록되었다. 러시아, 일본에서도 살고 있다. 북녘에서는 '집박나비'라고 한다.

나오는 때 5~9월
사는 곳 온 나라 산
애벌레가 먹는 식물 버드나무, 은수원사시나무, 황철나무, 장미, 매실나무, 벚나무, 사과나무
날개 편 길이 70~100mm

애벌레
번데기
기생당한 애벌레

뿔나비나방 *Pterodecta felderi*

뿔나비와 닮았다고 '뿔나비나방'이라는 이름이 붙었다. 앞날개 바깥쪽 가장자리에 닻처럼 생긴 주홍색 무늬가 있어서 다른 나방 무리와 구별된다. 가로줄과 다른 무늬는 나타나지 않는다. 뒷날개 바탕색은 앞날개와 비슷하고 아무 무늬도 없다. 앞날개 아랫면은 윗면과 비슷하지만, 뒤쪽 가장자리로 갈수록 색깔이 옅어진다. 가운데방에 흰색 무늬가 3개 있는데, 검은 테두리를 둘렀고, 날개 뿌리로 갈수록 작아진다. 뒷날개 아랫면은 누런 밤색 바탕에 짙은 밤색 작은 무늬와 바깥쪽 가장자리 안쪽에 홍백색 무늬가 어울려 얼룩져 보인다. 또 가운데방 끝부분에 검은 테두리를 두른 눈알 모양 무늬가 뚜렷하게 나타난다.

뿔나비나방은 온 나라에서 볼 수 있다. 하지만 산을 중심으로 몇몇 곳에서 산다. 한 해에 두 번 날개돋이하는데, 어른벌레는 4월부터 10월까지 볼 수 있다. 낮에 꽃꿀을 빨거나 천천히 날아다닌다. 애벌레는 양치식물류를 갉아 먹는다고 알려졌다.

뿔나비나방은 1864년 러시아 아무르 지역에서 맨 처음 기록되었는데, 우리나라에서는 언제 처음 기록되었는지 뚜렷하지 않다. 중국, 일본, 타이완, 인도 북부에서도 살고 있다.

나오는 때 4~10월
사는 곳 온 나라 산 몇몇 곳
애벌레가 먹는 식물 양치식물류
날개 편 길이 29~33mm

흰뾰족날개나방 딸기뾰족날개밤나비북

Habrosyne pyritoides derasoides   갈고리나방상과 갈고리나방과

흰뾰족날개나방은 보라뾰족날개나방과 닮았지만, 앞날개 가로줄 생김새가 달라서 구별된다. 앞날개는 고동색 바탕에 앞쪽 가장자리 가운데는 폭넓게 백자색을 띠고, 백자색 가로줄들과 무늬들이 잘 발달한다. 가운데방에는 흰색 테두리를 두른 붉은 밤색 눈알 모양 무늬가 있다. 가운데 가장자리에는 붉은 밤색 겹줄 무늬가 굴곡이 심한 물결 모양으로 뚜렷하다. 뒷날개는 짙은 밤색 바탕에 앞쪽 가장자리 날개 뿌리 쪽으로 갈수록 누르스름하다. 바깥쪽 가장자리와 부드러운 털은 옅은 누르스름한 빛을 띤다.

흰뾰족날개나방은 온 나라 몇몇 곳에서 산다. 어른벌레는 5월부터 9월까지 볼 수 있다. 애벌레는 멍석딸기, 딸기, 산딸기, 좀목령, 오리나무류, 산사나무류 잎을 갉아 먹는다고 알려졌다. 어린 애벌레는 붉은 밤색 바탕에 '>'처럼 생긴 무늬가 줄지어 있다. 애벌레는 잎 두 장을 서로 붙이고 그 속에 숨어서 허물을 벗는다. 다 자란 애벌레는 머리가 누런 밤색이고, 몸은 어두운 붉은 밤색을 띤다. 1번째 배마디에는 갈라진 흰 점이, 2번째 배마디에는 조금 희미한 흰 무늬가 있다. 잎 두 장을 서로 붙인 뒤 그 속에서 번데기가 된다.

흰뾰족날개나방은 1878년 일본에서 맨 처음 기록되었는데, 우리나라에서는 언제 처음 기록되었는지 뚜렷하지 않다. 극동 러시아, 중국 북부에서도 살고 있다. 북녘에서는 '딸기뾰족날개밤나비'로 알려졌다.

나오는 때 5~9월
사는 곳 온 나라 몇몇 곳
애벌레가 먹는 식물 멍석딸기, 딸기, 산딸기, 좀목령, 오리나무류, 산사나무류
날개 편 길이 35~44mm

애벌레

왕인갈고리나방 큰갈구리밤나비북, 왕갈고리나방

Cyclidia substigmaria nigralbata 　　　　　　　　　　　　갈고리나방상과 갈고리나방과

　왕인갈고리나방은 앞날개와 뒷날개가 허옇고 잿빛 밤색 무늬가 얼룩덜룩 나 있어서 다른 왕갈고리나방 무리와 구별된다.

　왕인갈고리나방은 온 나라 산을 중심으로 폭넓게 산다. 어른벌레는 4월부터 9월까지 볼 수 있다. 애벌레는 박쥐나무, 포플러류, 무궁화류 잎을 갉아 먹는다고 알려졌다. 다 자란 애벌레 머리는 짙은 검은색이고, 더듬이 끝부분은 노란색을 띤다. 온몸은 광택이 나는 검은색 바탕에 가운데가슴부터 배 끝까지 막대처럼 생긴 하얀 무늬와 네모난 노란 무늬가 옆면으로 줄지어 있다. 애벌레는 잎 두 장을 서로 붙이고 그 속에서 여러 마리가 모여 산다. 어린 애벌레는 잎맥을 남기고 잎살만 먹는다. 그래서 애벌레가 사는 나무는 잎맥만 지저분하게 남는다. 먹을 잎이 없으면 애벌레는 저마다 흩어진다. 다 자란 애벌레는 잎을 붙이고 그 속에서 번데기가 된다.

　왕인갈고리나방은 1914년 일본에서 맨 처음 기록되었는데, 우리나라에서는 언제 처음 기록되었는지 뚜렷하지 않다. 베트남, 말레이반도, 미얀마, 네팔, 인도 같은 곳에서도 살고 있다. 북녘에서는 '큰갈구리밤나비'라고 한다.

나오는 때　4~9월
사는 곳　온 나라 산
애벌레가 먹는 식물　박쥐나무, 포플러류, 무궁화류
날개 편 길이　60~75mm

알　　1령 애벌레
2령 애벌레　3령 애벌레　4령 애벌레　5령 애벌레

얼룩갈고리나방 *Auzata nigrata*

얼룩갈고리나방은 작은민갈고리나방과 닮았지만, 앞날개 안쪽에 있는 가로줄이 겹줄이고, 날개 가운데 가장자리에 있는 사다리꼴처럼 생긴 무늬가 달라서 구별된다. 앞날개는 은백색이거나 미백색 바탕에 가운데 가장자리 중간에 무딘 초승달처럼 생긴 옅은 회색 무늬가 큼지막하게 뚜렷하고, 가로줄은 옅은 회색을 띤다. 가운데방 가로맥 양 끝부분에는 주황색 점무늬가 있다. 바깥쪽 가장자리는 잿빛으로 중간중간 무늬가 끊겨 있다. 뒷날개 바탕색은 앞날개와 비슷하다. 안쪽 잿빛 가로줄과 가운데 가로줄은 겹줄이고, 바깥쪽 가로줄은 희미하지만, 큰 무늬로 얼룩져 보인다.

얼룩갈고리나방은 온 나라 몇몇 곳에서만 산다. 어른벌레는 5월부터 9월까지 볼 수 있다. 사는 모습은 더 밝혀져야 한다. 애벌레가 무엇을 먹는지는 아직 알려지지 않았다.

얼룩갈고리나방은 1981년 충청남도 계룡산 등에서 잡은 표본을 사용하여 맨 처음 기록된 것으로 알려져 있다. 나라 밖에서는 알려진 기록이 없다. 우리나라에서만 사는 '한국 고유 생물 종'이다.

나오는 때 5~9월
사는 곳 온 나라 몇몇 곳
애벌레가 먹는 식물 모름
날개 편 길이 19~26mm

남방흰갈고리나방 *Deroca inconclusa coreana*

남방흰갈고리나방은 앞날개와 뒷날개가 반투명한 흰 바탕이며, 담흑색 점무늬가 많아 다른 갈고리나방 무리와 구별된다. 아종은 원종보다 더듬이 빗살 길이가 더 길고, 무늬는 한층 더 거무스레하다. 암컷은 수컷보다 무늬가 약하고 훨씬 투명하다. 머리와 가슴은 은백색을 띠고, 가슴 양쪽 가장자리에 작고 옅은 검정 점무늬가 있다. 배 부분은 누런 털로 덮여 있다.

남방흰갈고리나방은 온 나라에서 볼 수 있다. 하지만 산을 중심으로 몇몇 곳에서 산다. 한 해에 두 번 날개돋이하는데, 어른벌레는 5월부터 9월까지 볼 수 있다. 처음 날개돋이한 남방흰갈고리나방이 두 번째 날개돋이한 어른벌레보다 몸집이 더 크다. 애벌레는 층층나무 잎을 갉아 먹는다고 알려졌다.

남방흰갈고리나방 아종(*Deroca inconclusa coreana*)은 1814년 제주도에서 맨 처음 기록되었다. 나라 밖에서는 아직까지 잡은 기록이 없다.

나오는 때 5~9월
사는 곳 온 나라 산 몇몇 곳
애벌레가 먹는 식물 층층나무
날개 편 길이 25~36mm

큰갈고리나방 *Oreta insignis*

큰갈고리나방은 앞날개 앞쪽 가장자리 2분의 1쯤부터 날개 끝 모서리로 갈수록 검은 비늘 가루로 폭넓게 덮였고, 날개 끝 모서리는 좁게 붉은 밤색을 띠어서 다른 갈고리나방 무리와 구별된다. 앞날개는 붉은빛이 도는 누런 밤색이거나 잿빛 밤색 바탕에 짙은 밤색 작은 점무늬가 흩뿌려져 있다. 또 날개 끝에서 뒤쪽 가장자리 가운데에 이르는 뚜렷한 줄무늬가 있다. 수컷은 앞날개 날개 끄트머리가 암컷보다 더 튀어나온다.

큰갈고리나방은 온 나라에서 볼 수 있다. 하지만 산을 중심으로 몇몇 곳에서 산다. 한 해에 두 번 날개돋이하는데, 어른벌레는 5월부터 10월까지 볼 수 있다. 애벌레는 굴거리나무 잎을 갉아 먹는다고 알려졌다.

큰갈고리나방은 1877년 일본에서 맨 처음 기록되었고, 우리나라에서는 1981년 제주도에서 채집된 표본을 사용하여 처음 기록된 것으로 알려져 있다. 중국, 타이완에서도 살고 있다.

나오는 때 5~10월
사는 곳 온 나라 산 몇몇 곳
애벌레가 먹는 식물 굴거리나무
날개 편 길이 37~48mm

제비나방 은제비밤나비북 *Acropteris iphiata*

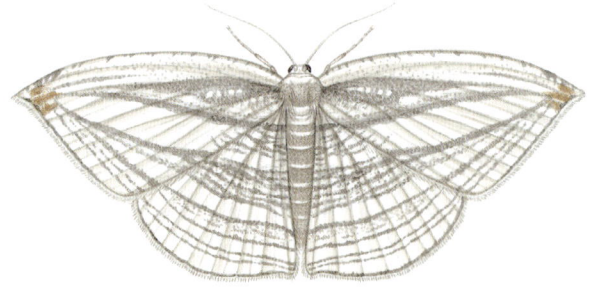

어른벌레 앉은 모습

갈고리나방상과 제비나방과

제비나방은 앞날개와 뒷날개가 하얀 바탕에 짙은 잿빛 줄무늬가 어지럽게 나 있어서 다른 나방 무리와 구별된다. 앞날개는 하얀색 바탕에 앞쪽 가장자리에는 짙은 회색 점무늬들이 줄지어 있다. 날개 뿌리 가운데와 뒤쪽 가장자리 1/3 부근과 2/3 부근에서 시작되는 짙은 회색 줄무늬들은 날개 끝에서 모인다. 가운데 가장자리에는 불규칙한 짧은 선들이 흩뿌려져 있다. 날개 끄트머리에 밤색 무늬들이 있고, 바깥쪽 가장자리는 검은 밤색을 띤다. 뒷날개는 하얀색 바탕에 날개 뿌리부터 가운데 가장자리까지 짙은 회색 가로줄들이 일정한 간격으로 물결 모양을 이룬다.

제비나방은 온 나라에 폭넓게 산다. 어른벌레는 6월부터 10월까지 볼 수 있다. 낮에 잎 위에서 가만히 앉아 쉬고 있는 모습을 자주 볼 수 있다. 애벌레는 박주가리 잎을 갉아 먹는다고 알려졌다.

제비나방이 맨 처음 알려진 나라가 어디인지 모르고, 우리나라에서 언제 처음 기록되었는지도 뚜렷하지 않다. 중국, 일본, 말레이시아, 인도에서도 살고 있다. 북녘에서는 '은제비밤나비'라고 한다.

나오는 때 6~10월
사는 곳 온 나라
애벌레가 먹는 식물 박주가리
날개 편 길이 25~31mm

애벌레

줄노랑얼룩가지나방 *Abraxas grossulariata*

자나방상과 자나방과

　줄노랑얼룩가지나방은 앞날개 가운데 가장자리에 귤색이나 누런 밤색 띠무늬가 있어서 다른 얼룩가지나방 무리와 구별된다. 머리와 가슴은 검은색이며 자잘한 누런 밤색 털로 촘촘히 덮여 있다. 더듬이는 실처럼 길쭉하고 까맣다. 배 등 쪽은 짙은 노란색 바탕에 커다란 검은색 무늬가 마디마다 있다. 앞날개는 흰색 바탕에 날개 뿌리와 가운데 가장자리에는 검은 점무늬에 둘러싸인 귤색 또는 누런 밤색 띠무늬가 있다. 뒷날개에는 검은 점으로 이루어진 줄무늬가 있다.

　줄노랑얼룩가지나방은 온 나라에서 볼 수 있다. 하지만 산을 중심으로 몇몇 곳에서 산다. 어른벌레는 5월부터 7월까지 볼 수 있다. 애벌레는 까치밥나무속 식물 잎을 갉아 먹는다고 알려졌다.

　줄노랑얼룩가지나방이 맨 처음 알려진 나라가 어디인지 모른다. 우리나라에서는 1905년 처음 기록된 것으로 알려졌다. 러시아, 중국, 일본, 몽골, 유럽 같은 곳에서도 살고 있다.

나오는 때 5~7월
사는 곳 온 나라 산
애벌레가 먹는 식물 까치밥나무속 식물
날개 편 길이 34~42mm

오얏나무가지나방 *Angerona prunaria*

자나방상과 자나방과

오얏나무가지나방은 앞날개와 뒷날개가 주황색이거나 옅은 노란색 바탕에 검은 밤색 잔무늬가 물결을 이루고 있어 다른 가지나방 무리와 구별된다. 하지만 개체에 따라 바탕색과 무늬 변화가 매우 크다.

오얏나무가지나방은 온 나라 산을 중심으로 폭넓게 분포한다. 한 해에 두 번 날개돋이하는데, 어른벌레는 5월부터 8월까지 볼 수 있다. 애벌레는 자두나무, 매화나무, 난티잎개암나무, 나무딸기, 상수리나무, 자작나무, 잔털인동덩굴, 산박하, 자작잎산사나무, 위령선, 노박덩굴 잎을 갉아 먹는다고 알려졌다. 어린 애벌레는 백록색 바탕에 숨구멍 위로 엷은 자주색 무늬가 있다. 자라면서 누런 밤색 바탕에 배 윗면에 마디마다 검은 점과 줄무늬들이 생긴다. 하지만 애벌레마다 색깔과 무늬에 차이가 많다. 머리는 조금 납작한 편이고 양쪽으로 더듬이가 뻗어 있다. 몸을 나뭇가지처럼 잘 세우고 있는데, 위험을 느끼면 몸을 양옆으로 마구 흔든다. 다 자란 애벌레는 잎을 붙인 뒤 그 속에서 번데기가 된다.

오얏나무가지나방이 맨 처음 알려진 나라가 어디인지 모른다. 우리나라에서는 1897년 처음 기록된 것으로 알려졌다. 러시아, 중국, 일본, 유럽 같은 곳에서도 살고 있다.

나오는 때 5~8월
사는 곳 온 나라 산
애벌레가 먹는 식물 자두나무, 매화나무, 난티잎개암나무, 나무딸기, 상수리나무, 자작나무, 잔털인동덩굴, 산박하, 자작잎산사나무, 위령선, 노박덩굴
날개 편 길이 26~52mm

애벌레

알락흰가지나방 *Antipercnia albinigrata*

자나방상과 자나방과

　알락흰가지나방은 온몸에 까만 점무늬가 잔뜩 있다. 큰알락가지나방과 닮았지만, 배가 잿빛을 띠어서 다르다. 큰알락가지나방은 배가 누렇다. 머리는 어두운 잿빛 바탕에 정수리와 뒷부분에 검은 점무늬가 3개 있다. 가슴은 잿빛 바탕에 뒤쪽에 검은 점무늬가 두 개 있다. 배는 잿빛 바탕에 배마디마다 검은색 점무늬가 한 쌍씩 있다. 앞날개는 흰색 바탕에 앞쪽 가장자리는 어두운 잿빛을 띠고, 검은 점무늬가 날개 뿌리에서 바깥쪽 가장자리까지 줄무늬를 이룬다. 가운데방 끝부분에 있는 가로맥 점무늬는 다른 점무늬보다 크다. 뒷날개는 흰색 바탕에 검은색 점무늬들이 겹겹이 나타난다. 점무늬는 날개 뿌리 쪽에 3개, 가운데에 5개 그리고 바깥쪽 가장자리에 두 줄로 7~8개 나타난다.

　알락흰가지나방은 온 나라에서 볼 수 있다. 하지만 산을 중심으로 몇몇 곳에서 산다. 어른벌레는 5월부터 8월까지 볼 수 있다. 애벌레는 감나무, 감태나무, 비목나무 잎을 갉아 먹는다고 알려졌다.

　알락흰가지나방은 1896년 일본에서 맨 처음 기록되었고, 우리나라에서는 1941년 북한 서호진에서 채집된 표본을 사용하여 처음 기록된 것으로 알려졌다. 중국에서도 살고 있다.

나오는 때 5~8월
사는 곳 온 나라 산 몇몇 곳
애벌레가 먹는 식물 감나무, 감태나무, 비목나무
날개 편 길이 50~56mm

가시가지나방 *Apochima juglansiaria*

자나방상과 자나방과

　가시가지나방은 이른봄가시가지나방과 닮았지만, 앞날개 바깥쪽 가로줄 생김새가 다르고, 뒷날개 뿌리 쪽에 있는 하얀 무늬가 작아서 다르다.
　가시가지나방은 중부 지방 산을 중심으로 몇몇 곳에서 산다. 한 해에 한 번 날개돋이하는데, 어른벌레는 3월부터 4월까지 볼 수 있다. 어른벌레는 쉬는 자세가 독특하다. 앞날개는 세로로 접어 위쪽으로 향하고, 뒷날개는 배에 나란하게 세로로 접고 쉰다. 애벌레는 신갈나무, 밤나무, 버드나무, 호랑버들, 신나무, 자작나무, 개암나무, 느티나무, 은행나무, 산사나무, 벚나무, 붉나무처럼 여러 가지 잎을 갉아 먹는다고 알려졌다. 다 자란 애벌레는 검은색과 분홍색이 섞인 것, 녹색과 흰색이 섞인 것, 검은 밤색과 흰색이 섞인 것처럼 여러 가지다. 쉴 때는 언제나 머리를 몸 안쪽으로 숙인 뒤 몸을 둥글게 말고 있어서 마치 새똥처럼 보인다. 위험을 느낄 때도 몸을 뒤틀리게 만다. 다 자란 애벌레는 땅속으로 들어가거나 바닥에 쌓인 가랑잎 사이에서 번데기가 되고, 겨울을 난다.
　가시가지나방은 1889년 러시아 아무르 지역에서 맨 처음 기록되었고, 우리나라에서는 1929년 수원에서 채집된 표본을 사용하여 처음 기록된 것으로 알려져 있다. 극동 러시아, 일본에서도 살고 있다.

애벌레(검은색형)
애벌레(녹색형)
애벌레(분홍색형)

나오는 때 3~4월
사는 곳 중부 지방 산 몇몇 곳
애벌레가 먹는 식물 신갈나무, 밤나무, 버드나무, 호랑버들, 신나무, 자작나무, 개암나무, 느티나무, 은행나무, 산사나무, 벚나무, 왕벚나무, 야광나무, 찔레, 산딸기나무, 덩굴딸기, 복숭아나무, 줄딸기, 물푸레나무, 갈매나무, 좀풀싸리, 층층나무, 괴불나무, 붉나무
날개 편 길이 33~40mm

뒷노랑점가지나방 *Arichanna melanaria*

자나방상과 자나방과

뒷노랑점가지나방은 앞날개가 풀빛이 도는 잿빛이고, 뒷날개는 주황색 바탕에 까만 점들이 잔뜩 나 있어서 다른 가지나방 무리와 구별된다. 앞날개 앞쪽 가장자리와 날개 뿌리는 노란빛이 돌고, 바깥쪽 가장자리는 색깔이 옅다. 가운데방 끝부분에 있는 무늬가 크고, 날개 뿌리 쪽으로 갈수록 크기가 작아진다. 가운데방 바깥으로 작은 원형 무늬가 겹줄로 나타나고, 그 바깥에 조금 더 큰 원형 무늬가 바깥쪽 가장자리까지 겹줄로 나타난다. 뒷날개는 주황색 바탕에 앞날개와 비슷한 검은 점무늬들이 폭넓게 나타난다. 가운데방 끝부분과 바깥쪽 가장자리 점무늬가 크게 나타난다.

뒷노랑점가지나방은 온 나라 산을 중심으로 폭넓게 산다. 지역에 따라 한여름에 개체 수가 아주 많아지기도 한다. 어른벌레는 5월부터 8월까지 볼 수 있다. 애벌레는 진달래, 철쭉, 병꽃나무 잎을 갉아 먹는다고 알려졌다.

뒷노랑점가지나방은 1758년 유럽에서 맨 처음 기록되었고, 우리나라에서는 1883년 처음 기록되었다. 러시아, 중국, 일본, 몽골 같은 곳에서도 살고 있다.

나오는 때 5~8월
사는 곳 온 나라 산
애벌레가 먹는 식물 진달래, 철쭉, 병꽃나무
날개 편 길이 33~48mm

애벌레

번데기

불회색가지나방 *Biston regalis*

자나방상과 자나방과

불회색가지나방은 밤색몸큰가지나방과 닮았지만, 앞날개 바깥쪽 가로줄 가운데 위쪽과 아래쪽이 밖으로 튀어나와 있어서 다르다. 앞날개는 미백색 바탕에 앞쪽 가장자리는 잿빛 밤색을 띤 작은 무늬들로 얼룩져 있다. 검은 안쪽 가로줄은 가늘고, 얕은 물결 모양이며, 그 안쪽은 붉은 밤색을 띤다. 검은 바깥쪽 가로줄은 가늘고, 중간 위쪽과 아래쪽이 밖으로 튀어나왔으며, 바깥쪽 가장자리 쪽으로 붉은 밤색을 띠지만 개체마다 차이가 있다. 뒷날개는 미백색 바탕에 바깥쪽 가로줄은 앞날개 바깥쪽 가로줄과 이어진다. 바깥쪽 가장자리 쪽은 붉은 밤색을 띠지만 개체마다 차이가 있다.

불회색가지나방은 온 나라 산을 중심으로 제법 폭넓게 산다. 어른벌레는 6월부터 8월까지 볼 수 있다. 애벌레는 느티나무, 밤나무, 느릅나무, 아까시나무 같은 나뭇잎을 갉아 먹는다고 알려졌다. 다 자란 애벌레는 잿빛 밤색 바탕에 물결처럼 허연 무늬가 나 있고 밤색 돌기가 돋아 있어 꼭 나뭇가지처럼 보인다. 머리에는 뿔처럼 생긴 돌기가 한 쌍 돋았고, 그 사이에 짧은 빗살 무늬가 있다. 애벌레가 쉴 때는 가슴다리를 앞으로 모으고 나뭇가지에 가슴다리와 배다리를 딱 붙이고 있다.

불회색가지나방은 1888년 인도에서 맨 처음 기록되었고, 우리나라에서는 1929년 북한 경성(鏡城)에서 채집된 표본을 사용하여 처음 기록된 것으로 알려졌다. 극동 러시아, 중국, 일본, 타이완, 인도네시아에서도 살고 있다.

나오는 때 6~8월
사는 곳 온 나라 산
애벌레가 먹는 식물 느티나무, 밤나무, 느릅나무, 아까시나무
날개 편 길이 44~76mm

애벌레

잠자리가지나방 *Cystidia stratonice*

수컷　　　　암컷

자나방상과 자나방과

　잠자리가지나방은 이름처럼 생김새가 꼭 잠자리랑 닮았다. 흑띠잠자리가지나방과도 닮았지만, 배 등 쪽에 있는 검은 무늬가 긴 사각 무늬여서 다르다. 흑띠잠자리가지나방은 무늬가 불규칙하다. 앞날개는 검은색 바탕에 가운데방과 바깥쪽 가장자리는 폭넓게 흰색을 띤다. 뒷날개는 앞날개보다 크고 넓으며, 바탕색과 무늬는 앞날개와 비슷하다. 날개 뿌리 쪽은 폭넓게 흰색을 띠고, 하얀 띠무늬는 가운데에서 휘어져 뒤쪽 가장자리에 다다른다. 배는 옅은 노란색 바탕에 각 마디 가운데에 커다란 사각형 모양 검은 무늬가 있다.

　잠자리가지나방은 온 나라에서 볼 수 있다. 하지만 산을 중심으로 몇몇 곳에서 산다. 한 해에 한 번 날개돋이하는데, 어른벌레는 6월부터 7월까지 볼 수 있다. 낮에 숲 가장자리를 날아다닌다. 애벌레는 자두나무, 사과나무, 노박덩굴, 화살나무, 참빗살나무, 다래나무 잎을 갉아 먹는다고 알려졌다. 다 자란 애벌레 머리는 검고 옆에 하얀 줄이 있다. 몸은 허옇거나 옅은 노란색을 띠고, 등과 옆구리, 배 좌우에 네모난 검은 무늬가 있다. 다 자란 애벌레는 입에서 거미줄처럼 끈끈한 실을 뽑아 잎 몇 장을 묶고 그 속에서 번데기가 된다.

　잠자리가지나방은 1782년 일본에서 맨 처음 기록되었고, 우리나라에서는 1897년 북한 원산에서 채집된 표본을 사용하여 처음 기록된 것으로 알려졌다. 극동 러시아, 중국, 타이완에서도 살고 있다.

애벌레

번데기

번데기 집

나오는 때 6~7월
사는 곳 온 나라 산 몇몇 곳
애벌레가 먹는 식물 자두나무, 사과나무, 노박덩굴, 화살나무, 참빗살나무, 다래나무
날개 편 길이 48~56mm

흰점고운가지나방 *Epholca arenosa*

자나방상과 자나방과

흰점고운가지나방은 앞날개 앞 모서리에 하얀 점무늬들이 있어서 다른 가지나방 무리와 구별된다. 앞날개는 주황색 바탕에 날개 끄트머리에는 흰색 점무늬가 두 개 있다. 가로줄들은 검은 밤색이나 붉은 밤색을 띠며 굵다. 뒷날개는 앞날개와 비슷하지만, 가운데와 바깥쪽 가장자리에 있는 가로줄이 흐릿하며, 가운데 가로줄이 더 굵다. 날개 끄트머리와 바깥쪽 가장자리는 폭넓게 검은 밤색을 띠고, 날개 뿌리와 뒤쪽 가장자리 모서리 쪽은 얼룩져 보인다.

흰점고운가지나방은 온 나라에서 볼 수 있다. 하지만 산을 중심으로 몇몇 곳에서 산다. 한 해에 두 번 날개돋이하는데, 어른벌레는 5월부터 8월까지 볼 수 있다. 애벌레는 굴피나무, 가래나무, 고추나무 잎을 갉아 먹는다고 알려졌다. 어린 애벌레와 다 자란 애벌레는 생김새나 색깔 변화가 거의 없이 짙은 고동색이나 검은 밤색을 띤다. 1~5번째 배마디와 8번째 배마디에 돌기들이 돋았는데 2~4번째 배마디 돌기는 길다. 쉴 때는 몸을 웅크려 돌기들이 솟아 보이게 하고 잎 뒤에 거꾸로 매달려 있다. 위험을 느끼면 머리를 몸 안쪽으로 말아 넣는다. 배 끄트머리에 하얀 무늬가 있어서 언뜻 보면 새똥처럼 보이기도 한다. 다 자란 애벌레는 잎을 붙이고 그 속에서 번데기가 된다.

흰점고운가지나방은 1878년 일본에서 맨 처음 기록되었고, 우리나라에서는 1938년 북한 평안북도 삭주에서 채집된 표본을 사용하여 처음 기록된 것으로 알려졌다. 러시아, 중국에서도 살고 있다.

나오는 때 5~8월
사는 곳 온 나라 산 몇몇 곳
애벌레가 먹는 식물 굴피나무, 가래나무, 고추나무
날개 편 길이 24~38mm

애벌레

노랑날개무늬가지나방 *Epobeidia tigrata*

자나방상과 자나방과

노랑날개무늬가지나방은 알락흰가지나방과 닮았지만, 날개 대부분이 주황색을 띠어서 구별된다. 앞날개는 주황색 바탕에 뒤쪽 가장자리는 폭넓게 누르스름하다. 검은 밤색 원형 무늬가 여기저기 있는데, 앞쪽 가장자리 날개 뿌리 쪽과 가운데 가장자리에 있는 점무늬 크기가 작다. 날개 끝은 검은 밤색을 띠고, 바깥쪽 가장자리에는 날개맥 사이를 중심으로 점무늬가 줄지어 있다. 뒷날개 바탕색과 무늬는 앞날개와 비슷하지만, 가운데에서 뒤쪽 가장자리 2/3쯤까지만 누르스름하다.

노랑날개무늬가지나방은 온 나라 산을 중심으로 제법 폭넓게 산다. 한 해에 두 번 날개돋이하는데, 어른벌레는 5월부터 9월까지 볼 수 있다. 애벌레는 노박덩굴 잎을 갉아 먹는다고 알려졌다. 다 자란 애벌레는 잠자리가지나방 애벌레와 닮았다. 하지만 노란 바탕에 검은 직사각형 무늬가 줄지어 나 있고 배 끝부분에 있는 검은 무늬가 작아서 다르다. 잠자리가지나방 애벌레와 같은 잎을 갉아 먹고, 애벌레 생김새도 비슷해서 무늬를 잘 살펴보아야 한다. 다 자란 애벌레는 잎을 붙이고 그 속에서 번데기가 된다.

노랑날개무늬가지나방은 1858년 인도에서 맨 처음 기록되었고, 우리나라에서는 1897년 북한 원산에서 채집된 표본을 사용하여 처음 기록된 것으로 알려졌다. 러시아, 중국, 일본, 타이완 같은 곳에서도 살고 있다.

나오는 때 5~9월
사는 곳 온 나라 산
애벌레가 먹는 식물 노박덩굴
날개 편 길이 50~68mm

애벌레

번데기

갈고리가지나방 *Fascellina chromataria*

자나방상과 자나방과

갈고리가지나방은 앞날개 뒤쪽 모서리 쪽과 뒷날개 앞쪽 모서리가 움푹 파여 있어서 다른 가지나방 무리와 구별된다. 앞날개는 붉은 밤색이거나 검은 밤색 바탕에 가로줄은 가늘고, 미색 테가 접해 있는 검은색을 띤다. 가운데방 끝부분에 크고 하얀 점무늬가 있다. 뒷날개는 앞날개와 비슷하다. 가운데에 있는 가로줄은 앞날개 바깥쪽 가로줄과 이어지고, 뒤쪽 가장자리로 갈수록 흐릿하다. 그 안쪽에서 날개 뿌리까지 작고 검은 점무늬들이 흩뿌려져 있다.

갈고리가지나방은 온 나라 산을 중심으로 폭넓게 분포한다. 한 해에 두 번 날개돋이하는데, 어른벌레는 5월부터 9월까지 볼 수 있다. 애벌레는 비목나무, 생강나무, 동백나무 잎을 갉아 먹는다고 알려졌다.

갈고리가지나방은 1860년 스리랑카에서 맨 처음 기록되었고, 우리나라에서는 1938년 경기도 소요산에서 채집된 표본을 사용하여 처음 기록된 것으로 알려졌다. 중국, 일본, 타이완, 베트남, 말레이시아, 인도네시아, 네팔, 인도, 부탄 같은 곳에서도 살고 있다.

나오는 때 5~9월
사는 곳 온 나라 산
애벌레가 먹는 식물 비목나무, 생강나무, 동백나무
날개 편 길이 28~37mm

유리창가지나방 *Krananda semihyalina*

자나방상과 자나방과

　유리창가지나방은 앞날개와 뒷날개에 유리창처럼 반투명한 막으로 된 무늬가 있고, 뒷날개 바깥쪽 가장자리에 꼬리처럼 생긴 길쭉한 돌기가 있어서 다른 가지나방 무리와 구별된다. 날개는 바깥쪽 가로줄을 기준으로 안쪽이 노란빛이 도는 흰색, 바깥이 밤색을 띤다. 날개 바깥쪽 가장자리는 톱날 모양이다. 수컷은 뒷다리 종아리마디가 굵고, 털 다발이 달려 있다.

　유리창가지나방은 남쪽 바닷가와 섬, 제주도 몇몇 곳에서 산다. 어른벌레는 5월부터 9월까지 볼 수 있다. 애벌레가 무엇을 먹는지는 아직 알려지지 않았다.

　유리창가지나방은 1868년 인도에서 맨 처음 기록되었고, 우리나라에서는 1996년 전라북도 대둔산과 전라남도 진도에서 채집된 표본을 사용하여 처음 기록된 것으로 알려졌다. 중국, 일본, 말레이시아, 인도네시아, 네팔 같은 곳에서도 살고 있다.

나오는 때 5~9월
사는 곳 남쪽 바닷가와 섬, 제주도 몇몇 곳
애벌레가 먹는 식물 모름
날개 편 길이 30~47mm

흰그물왕가지나방 *Mesastrape fulguraria*

자나방상과 자나방과

　흰그물왕가지나방은 이름처럼 앞날개와 뒷날개에 하얀 띠가 그물처럼 얼기설기 나 있어서 다른 가지나방과 구별된다. 더듬이는 암수 모두 빗살 모양이며 밤색이다. 앞날개는 검은 자줏빛 밤색 바탕에 누런 밤색 가는 줄무늬가 겹겹이 나타나고, 굵고 하얀 줄무늬가 잘 발달해 있다. 바깥쪽 가장자리에 있는 가늘고 하얀 가로줄은 기울어진 'W'자처럼 생겼고, 바깥쪽 가장자리 가운데와 뒤쪽 모서리에 다다른다. 뒷날개 바탕색은 앞날개와 같다. 앞날개처럼 하얀 띠무늬가 어지럽게 나 있다. 가운데 가장자리에는 삼각형 검은색 무늬가 날개맥 사이에 줄지어 있다. 뒤쪽 가장자리는 폭넓게 귤빛이 돈다.

　흰그물왕가지나방은 온 나라 산과 들판 몇몇 곳에서 산다. 어른벌레는 5월부터 8월까지 볼 수 있다. 애벌레가 무엇을 먹는지는 아직 알려지지 않았다.

　흰그물왕가지나방은 1860년 맨 처음 기록되었으나 어디에서 잡았는지는 뚜렷하지 않다. 우리나라에서는 1901년에 처음 기록된 것으로 알려졌다. 극동 러시아, 일본, 중국, 타이완, 말레이시아, 네팔에서도 살고 있다.

나오는 때 5~8월
사는 곳 온 나라 산과 들판 몇몇 곳
애벌레가 먹는 식물 모름
날개 편 길이 51~65mm

먹세줄흰가지나방 *Myrteta angelica*

자나방상과 자나방과

먹세줄흰가지나방은 세줄흰가지나방과 닮았지만, 앞날개에 있는 검은 밤색 줄무늬 3줄이 뒤쪽으로 비스듬히 나 있어서 다르다. 앞날개는 흰색 바탕에 앞쪽 가장자리 날개 뿌리와 바깥쪽 가장자리는 검은 밤색을 띤다. 앞쪽 가장자리부터 뒤쪽 가장자리까지 바깥으로 비스듬하게 기울어진 검은 밤색 굵은 띠무늬가 3개 있다. 가운데 가장자리에서 바깥쪽 가장자리까지 가늘고 검은 밤색 가로줄들이 불규칙하게 있다. 뒷날개는 은백색 바탕에 바깥쪽 가장자리는 주황색을 띤다. 뒤쪽 가장자리 모서리 위쪽에 커다란 검은 밤색 점무늬가 두 개가 있고, 그 둘레는 경계가 뚜렷하지 않은 주황색을 띤다.

먹세줄흰가지나방은 온 나라 산을 중심으로 제법 폭넓게 산다. 어른벌레는 7월부터 10월까지 볼 수 있다. 낮에 숲 가장자리 잎 위에서 쉬고 있는 모습을 가끔 볼 수 있다. 애벌레는 쪽동백나무, 때죽나무 잎을 갉아 먹는다고 알려졌다. 어린 애벌레는 입에서 뽑은 실로 잎을 둥글게 붙이고 그 속에서 잎맥만 남기고 먹는다. 그래서 애벌레가 잎을 먹은 나무들을 멀리서 보면 지저분하게 보인다. 다 자란 애벌레는 잎을 여러 장 붙이고 온 잎을 다 먹는다. 어린 애벌레는 머리가 까만데, 다 자란 애벌레 머리는 옅은 노란색을 띠고, 몸에 점이 보이지 않는다. 다 자란 애벌레는 땅속에 들어가 고치를 만들고 번데기가 된다.

먹세줄흰가지나방은 1881년 일본에서 맨 처음 기록되었고, 우리나라에서는 1984년 강원도 설악산에서 채집된 표본을 사용하여 처음 기록된 것으로 알려졌다. 극동 러시아, 타이완에서도 살고 있다.

나오는 때 7~10월
사는 곳 온 나라 산
애벌레가 먹는 식물 쪽동백나무, 때죽나무
날개 편 길이 30~42mm

애벌레   애벌레 집

뽕나무가지나방 *Phthonandria atrilineata*

자나방상과 자나방과

뽕나무가지나방은 토끼눈가지나방과 닮았지만, 앞날개 바깥쪽 가로줄 생김새가 다르고, 가운데방에 있는 점무늬가 뚜렷하지 않아서 다르다. 앞날개는 누런 밤색 바탕에 짙은 밤색 작은 점무늬들이 흩뿌려져 있고, 가늘고 검은 가로줄들 사이는 검은 밤색을 띤다. 뒷날개 바탕색은 앞날개와 비슷하고, 짙은 밤색 짧은 선들이 물결처럼 나 있다. 가운데 가장자리에 있는 가로줄 안쪽은 옅은 노란색, 바깥쪽은 붉은 밤색을 띤다.

뽕나무가지나방은 온 나라에서 볼 수 있다. 하지만 산을 중심으로 몇몇 곳에서 산다. 한 해에 두 번 날개돋이하는데, 어른벌레는 5월부터 9월까지 볼 수 있다. 애벌레는 뽕나무 잎을 갉아 먹는다고 알려졌다. 다 자란 애벌레는 머리가 밤색 바탕에 불규칙한 검은색 무늬들이 있어서 얼룩져 보인다. 배마디마다 등 쪽에 작고 검은 점들이 있다. 1번째 배마디와 5번째 배마디에는 진한 노란색 돌기가 튀어나왔다. 옆구리에 있는 숨구멍은 타원형으로 생겼고, 까만 테두리를 두른 노란색이다.

뽕나무가지나방은 1881년 일본에서 맨 처음 기록되었고, 우리나라에서는 1897년 북한 원산에서 채집된 표본을 사용하여 처음 기록된 것으로 알려졌다. 중국, 타이완, 인도, 네팔에서도 살고 있다.

나오는 때 5~9월
사는 곳 온 나라 산 몇몇 곳
애벌레가 먹는 식물 뽕나무
날개 편 길이 39~55mm

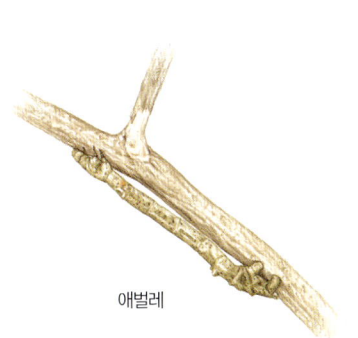
애벌레

토끼눈가지나방 *Phthonandria emaria*

자나방상과 자나방과

토끼눈가지나방은 먹그림가지나방과 닮았지만, 앞날개 안쪽 가로줄 가운데 윗부분이 안쪽으로 뾰족하게 들어가지 않아서 다르다. 앞날개는 옅은 누런 밤색 바탕에 짧고 어두운 선들이 발달하고, 가로줄들은 검은색으로 가늘다. 앞쪽 가장자리에는 담색 바탕에 작고 검은 밤색 점들이 흩뿌려져 있다. 안쪽 가로줄 안쪽은 붉은 밤색을 띤다. 바깥쪽 가로줄과 안쪽 가로줄 사이는 옅은 누런 밤색을 띠고, 바깥쪽 가로줄 바깥쪽은 폭넓게 붉은 밤색을 띤다. 가운데방 끝부분에 검은 점무늬가 뚜렷하다. 뒷날개는 옅은 누런 밤색 바탕에 날개 뿌리에서 바깥쪽 가로줄 안쪽까지 짧고, 어두운 선들이 촘촘히 줄지어 있다. 바깥쪽은 붉은 밤색을 띤다. 바깥쪽 가장자리 가운데에서 뒤쪽 가장자리 모서리까지 폭넓게 담색을 띤다.

토끼눈가지나방은 온 나라에서 볼 수 있다. 하지만 산을 중심으로 몇몇 곳에서 산다. 어른벌레는 5월부터 9월까지 볼 수 있다. 애벌레는 조팝나무 잎을 갉아 먹는다고 알려졌다. 다 자란 애벌레는 머리가 가늘고 배 끝으로 갈수록 조금 굵어진다. 머리에는 '八' 자처럼 생긴 하얀 줄무늬가 있다. 몸 빛깔과 무늬는 저마다 조금씩 다르다. 2번째와 5번째, 8번째 배마디에는 작은 돌기가 1쌍씩 돋아 있다. 다 자란 애벌레는 땅에 깔린 마른 잎을 덮고 번데기가 되거나 땅속으로 들어가 번데기가 된다.

토끼눈가지나방은 1864년 극동 러시아에서 맨 처음 기록되었고, 우리나라에서는 1901년 처음 기록된 것으로 알려졌다. 중국, 일본, 몽골에서도 살고 있다.

애벌레

나오는 때 5~9월
사는 곳 온 나라 산 몇몇 곳
애벌레가 먹는 식물 조팝나무
날개 편 길이 30~45mm

보라끝가지나방 *Selenia tetralunaria*

자나방상과 자나방과

　보라끝가지나방은 앞날개 끝 모서리 가까이에 반달처럼 생긴 밤색 무늬가 있고, 앞날개와 뒷날개 가로맥 무늬가 흰색 눈썹 모양이어서 다른 가지나방과 구별된다. 더듬이는 암수가 모두 빗살처럼 갈라졌지만 암컷 빗살이 더 짧다. 앞날개 앞쪽 가장자리는 살짝 옅은 홍색을 띠고, 안쪽 가로줄과 바깥쪽 가로줄은 짙은 자줏빛 밤색을 띤다. 뒷날개 바깥쪽 가장자리는 무딘 톱날처럼 보인다. 바깥쪽 가로줄 안쪽은 날개 뿌리까지 짙은 밤색을 띠고, 바깥쪽은 누르스름한 부분이 넓다.

　보라끝가지나방은 온 나라에서 볼 수 있다. 하지만 산을 중심으로 몇몇 곳에서 산다. 한 해에 두 번 날개돋이하는데, 어른벌레는 4월부터 8월까지 볼 수 있다. 여름에 나온 어른벌레는 봄에 나온 어른벌레보다 훨씬 작고 색이 조금 옅다. 쨟름나방류처럼 날개를 위로 반쯤 말고 앉는다. 애벌레는 갈참나무, 자작나무 잎을 갉아 먹는다고 알려졌다. 다 자란 애벌레는 짙은 고동색으로 얼룩져 있고, 이마는 은색을 띤다. 2번째 배마디 등에는 하얀 띠무늬가 가로로 나 있다. 5번째와 6번째 배마디 등에는 넓은 흰색 띠무늬와 밤색 돌기들이 있다. 옆구리에 있는 숨구멍은 짙은 밤색 테두리를 두른 노란색 타원형이다.

　보라끝가지나방은 1767년 독일에서 맨 처음 기록되었고, 우리나라에서는 1905년 처음 기록된 것으로 알려졌다. 러시아, 중국, 일본, 카자흐스탄, 유럽 같은 곳에서도 살고 있다.

나오는 때 4~8월
사는 곳 온 나라 산 몇몇 곳
애벌레가 먹는 식물 갈참나무, 자작나무
날개 편 길이 28~39mm

노랑제비가지나방 *Thinopteryx delectans*

자나방상과 자나방과

　노랑제비가지나방은 알락제비가지나방과 닮았지만, 앞날개에 굵은 바깥쪽 가로줄이 없어서 다르다. 수컷 더듬이는 깃털처럼 생겼지만, 암컷은 실처럼 길쭉하다. 앞날개와 뒷날개는 노란색 바탕에 작은 밤색 점이 흩뿌려져 있어 얼룩져 보인다. 날개 바깥쪽 가장자리는 대부분 잿빛이 돈다. 뒷날개 바깥쪽 가장자리에 있는 굵은 가로줄은 날개 끄트머리에서 시작하여 가운데에서 크게 각이 져 뒤쪽 모서리에 다다른다. 각이 진 부분 바깥쪽 가장자리 가운데에 작은 꼬리처럼 생긴 돌기가 있다.

　노랑제비가지나방은 온 나라에서 볼 수 있다. 하지만 산을 중심으로 몇몇 곳에서 산다. 한 해에 두 번 날개돋이하는데, 어른벌레는 5월부터 9월까지 볼 수 있다. 애벌레는 달맞이꽃 잎을 갉아 먹는다고 알려졌다.

　노랑제비가지나방은 1878년 일본에서 맨 처음 기록되었고, 우리나라에서는 1946년 처음 기록된 것으로 알려졌다. 중국에서도 살고 있다.

나오는 때 5~9월
사는 곳 온 나라 산 몇몇 곳
애벌레가 먹는 식물 달맞이꽃
날개 편 길이 46~55mm

니도베가지나방 *Wilemania nitobei*

자나방상과 자나방과

니도베가지나방은 토끼눈가지나방과 닮았지만, 앞날개에 있는 가로줄 생김새가 달라서 구별된다. 앞날개는 연한 노란색 바탕에 안쪽 가로줄 안쪽과 바깥쪽 가로줄 바깥쪽은 자줏빛 밤색을 띤다. 뒷날개는 옅은 잿빛 밤색 바탕에 가운데방 끝부분에 검은 밤색 무늬가 뚜렷하고, 가운데 가장자리에 거의 곧은 가로줄이 있다.

니도베가지나방은 온 나라에서 볼 수 있다. 하지만 산을 중심으로 몇몇 곳에서 산다. 한 해에 한 번 날개돋이하는데, 어른벌레는 10월부터 11월 초까지 볼 수 있다. 애벌레는 갈참나무, 신갈나무, 졸참나무, 상수리나무, 떡갈나무, 개암나무, 서어나무, 느릅나무, 느티나무, 풍게나무, 팽나무, 산사나무, 왕벚나무, 귀룽나무, 단풍나무, 물푸레나무 잎을 갉아 먹는다고 알려졌다. 다 자란 애벌레는 머리가 옅은 붉은빛을 띤 누런색이다. 몸빛은 누런색이나 잿빛을 띤다. 잿빛을 띠는 애벌레는 흰 가루를 몸에 덮고 있다. 옆구리에 있는 숨구멍 둘레는 검은 무늬로 싸여 있다. 다 자란 애벌레는 땅속으로 들어가 번데기가 된다. 다 자란 애벌레 생김새나 하는 짓이 잎벌 애벌레와 비슷하다.

니도베가지나방은 1907년 일본에서 맨 처음 기록되었고, 우리나라에서는 1986년 서울에서 채집된 표본을 사용하여 처음 기록된 것으로 알려졌다. 러시아, 중국, 타이완에서도 살고 있다.

애벌레

나오는 때 10~11월
사는 곳 온 나라 산 몇몇 곳
애벌레가 먹는 식물 갈참나무, 신갈나무, 졸참나무, 상수리나무, 떡갈나무, 개암나무, 서어나무, 느릅나무, 느티나무, 풍게나무, 팽나무, 산사나무, 왕벚나무, 귀룽나무, 단풍나무, 물푸레나무
날개 편 길이 26~38mm

별박이자나방 *Naxa seriaria*

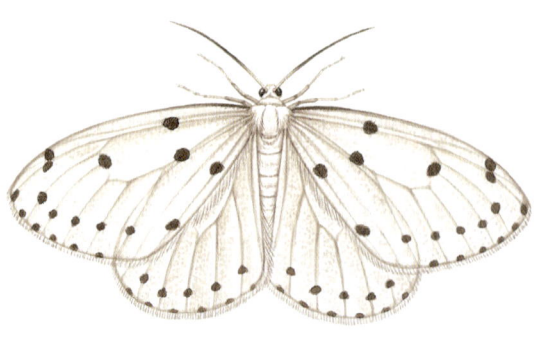

잎에 앉은 어른벌레

자나방상과 자나방과

별박이자나방은 날개가 하얗고 까만 점이 별처럼 박혀 있다. 앞날개에 있는 안쪽 가로줄과 바깥쪽 가로줄 위와 바깥쪽 가장자리에 작고 까만 점무늬들이 규칙적으로 나 있어서 다른 자나방 무리와 구별된다.

별박이자나방은 온 나라에서 볼 수 있다. 하지만 산을 중심으로 몇몇 곳에서 산다. 한 해에 한 번 날개돋이하는데, 어른벌레는 6월부터 7월까지 볼 수 있다. 밤에 등불에 모이고 낮에도 숲 가장자리를 천천히 날아다닌다. 애벌레는 쥐똥나무, 물푸레나무, 잔물푸레나무, 광나무, 층층나무, 라일락 잎을 갉아 먹는다고 알려졌다. 여름에 나온 어린 애벌레들은 입에서 실을 뽑아 천막처럼 줄을 치고 그 속에서 무리를 지어 산다. 그러다 날씨가 추워지면 가랑잎 더미 속에 들어가 겨울을 나고 봄이 되면 나무로 다시 올라와 잎을 먹기 시작한다. 가지와 잎에 거미줄처럼 얼기설기 줄을 치고 어느 정도 자란 애벌레가 무리를 지어 겨울을 나기도 한다. 봄에도 실을 뽑아 크게 망을 치고 무리를 지어 살면서 잎을 갉아 먹는데, 때로는 나뭇잎이 하나도 남지 않게 몽땅 먹어 치우기도 한다. 다 자란 애벌레는 검은 바탕에 주황색과 흰색이 섞여 있고, 다른 자나방 애벌레와는 달리 몸에 털이 나 있다. 다 자란 애벌레는 살던 나무 사이나 다른 나무로 옮겨간 뒤 가지에 실을 치고 5월에 번데기가 된다. 6~7월이 되면 어른벌레로 날개돋이한 뒤 짝짓기를 하고 알을 낳는다.

별박이자나방은 1866년 일본에서 맨 처음 기록되었는데, 우리나라에서는 언제 처음 기록되었는지 뚜렷하지 않다. 극동 러시아, 중국에서도 살고 있다.

애벌레 짝짓기

나오는 때 6~7월
사는 곳 온 나라 산 몇몇 곳
애벌레가 먹는 식물 쥐똥나무, 물푸레나무, 잔물푸레나무, 광나무, 층층나무, 라일락
날개 편 길이 43~50mm

검띠푸른자나방 *Agathia carissima*

자나방상과 자나방과

　검띠푸른자나방은 검띠발푸른자나방과 닮았지만, 앞날개 가운데에 있는 가로줄이 뒤쪽 가장자리에 있는 무늬와 거의 만나기 때문에 구별된다. 앞날개는 대부분 밝은 풀색을 띤다. 앞쪽 가장자리는 누르스름한 바탕에 짙은 밤색 비늘가루가 흩뿌려져 있고, 바깥쪽 가장자리는 폭넓게 밤색을 띤다. 날개 뿌리에는 검은 밤색 무늬가 있다. 가운데와 바깥쪽에 굵은 가로줄이 있다. 뒷날개는 바탕색과 바깥쪽 가장자리 무늬가 앞날개와 비슷하고, 앞쪽 가장자리는 미백색, 뒤쪽 가장자리는 가늘게 짙은 밤색을 띤다.

　검띠푸른자나방은 온 나라에서 볼 수 있다. 하지만 산을 중심으로 몇몇 곳에서 산다. 어른벌레는 5월부터 7월까지 볼 수 있다. 애벌레는 큰조롱, 박주가리 잎을 갉아 먹는다고 알려졌다. 다 자란 애벌레 머리는 옅은 누런빛 바탕에 작고 하얀 돌기가 여기저기 돋아 있어 얼룩져 보인다. 앞가슴은 리본 모양으로 튀어나왔다. 배 쪽 가운데에 굵은 흰색 띠가 가슴부터 배 끝까지 이어져 있다. 6번째 배마디부터 배 끄트머리까지 붉은 무늬가 섞인 하얗고 넓은 띠가 있다. 또 6번째 배마디에 있는 배다리 옆에 크고 하얀 반점이 2개 있다. 숨구멍은 붉은색 테두리를 두른 흰색 타원형이다.

　검띠푸른자나방은 1878년 일본에서 맨 처음 기록되었고, 우리나라에서는 1901년 처음 기록된 것으로 알려졌다. 극동 러시아, 중국, 일본, 인도 같은 곳에서도 살고 있다.

나오는 때 5~7월
사는 곳 온 나라 산 몇몇 곳
애벌레가 먹는 식물 큰조롱, 박주가리
날개 편 길이 27~35mm

색동푸른자나방 *Eucyclodes gavissima*

색동푸른자나방은 날개에 옅은 노란색, 흰색, 붉은 밤색 부분이 서로 어울려 다른 푸른자나방 무리와 구별된다. 앞날개는 풀색 바탕에 복잡한 흰색 무늬와 옅은 노란색 부분이 어울려 아름답게 보인다. 물결 모양인 안쪽 가로줄은 흰색이고, 그 안쪽과 바깥쪽 경계선은 짙은 밤색을 띤다. 날개 뿌리 쪽에는 흰색 무늬가 있다. 가운데방 끝에 있는 콩팥 모양 무늬는 타원형이고 흰색을 띤다. 가운데에 있는 굵은 흰색 가로줄은 지그재그 모양으로 굴곡이 심하다. 앞쪽 가장자리 쪽에는 커다란 옅은 밤색 무늬가 있다. 뒷날개는 앞날개와 비슷하지만, 날개 뿌리 쪽은 폭넓게 흰색을 띠고, 가로줄 바깥쪽에 붉은 밤색 부분이 뚜렷하다.

색동푸른자나방은 온 나라 몇몇 곳에서 산다. 한 해에 한 번 날개돋이하는데, 어른벌레는 6월부터 7월까지 볼 수 있다. 애벌레가 무엇을 먹는지는 아직 알려지지 않았다.

색동푸른자나방은 1861년 스리랑카에서 맨 처음 기록되었고, 우리나라에서는 1946년 처음 기록된 것으로 알려졌다. 중국, 타이완, 인도네시아, 말레이시아, 인도 같은 곳에서도 살고 있다.

나오는 때 6~7월
사는 곳 온 나라 몇몇 곳
애벌레가 먹는 식물 모름
날개 편 길이 33~35mm

네눈박이푸른자나방 *Thetidia albocostaria*

자나방상과 자나방과

　네눈박이푸른자나방은 이름처럼 날개 가운데방에 커다란 눈알처럼 생긴 무늬가 4개 있어서 다른 푸른자나방 무리와 구별된다. 수컷은 더듬이가 빗살처럼 갈라졌고, 암컷은 실처럼 길쭉하다. 앞날개는 완두콩색 바탕에 앞쪽 가장자리는 색깔이 열고, 하얀 가로줄들은 굵고, 부드러운 물결 모양이다. 가운데방 끝부분에는 밤색 테두리를 두른 하얗고 커다란 눈알 모양 무늬가 있다. 짙은 밤색이나 고동색을 띤 바깥쪽 가장자리 선은 날개맥 사이가 오목하여 물결 모양이다. 뒷날개는 바탕색, 바깥쪽 가장자리, 부드러운 털이 앞날개와 비슷하지만, 앞쪽 가장자리가 좁게 은백색을 띤다. 가로줄은 나타나지 않고, 가운데방 끝부분에 있는 큰 눈알 모양 무늬는 앞날개보다 조금 크다.

　네눈박이푸른자나방은 온 나라에서 볼 수 있다. 하지만 산을 중심으로 몇몇 곳에서 산다. 어른벌레는 6월부터 9월까지 볼 수 있다. 애벌레는 산쑥, 쑥 잎을 갉아 먹는다고 알려졌다.

　네눈박이푸른자나방은 1864년 극동 러시아에서 맨 처음 기록되었는데, 우리나라에서는 언제 처음 기록되었는지 뚜렷하지 않다. 중국, 일본에서도 살고 있다.

나오는 때　6~9월
사는 곳　온 나라 산 몇몇 곳
애벌레가 먹는 식물　산쑥, 쑥
날개 편 길이　23~35mm

배노랑물결자나방 *Callabraxas compositata*

자나방상과 자나방과

　배노랑물결자나방은 북방네줄물결자나방과 닮았지만, 뒷날개 뿌리 쪽에 검은 무늬가 두 개 있어서 다르다. 더듬이는 암수 모두 실처럼 길쭉하다. 앞날개는 흰색 바탕에 검은색 선들이 있다. 뒤쪽 모서리는 선들이 모여 굵은 무늬로 나타나고, 안쪽에 주황색 무늬가 좁게 나타난다. 뒷날개는 흰색 바탕에 바깥쪽 가장자리는 날개 끄트머리를 빼고 폭넓게 주황색을 띤다. 날개 뿌리 쪽에는 검은색 무늬가 2개 있다. 가운데방 끝부분에서 뒤쪽 가장자리 2/3 부근에 다다르는 검은색 겹줄 무늬가 있다.

　배노랑물결자나방은 온 나라 산을 중심으로 폭넓게 산다. 한 해에 한 번 날개돋이하는데, 어른벌레는 6월부터 8월까지 볼 수 있다. 어른벌레는 쉴 때 종종 배를 높이 치켜든다. 애벌레는 담쟁이덩굴 잎을 갉아 먹는다고 알려졌다. 어린 애벌레는 담쟁이 잎 새순이 붉을 때는 몸빛이 붉은색을 띠고, 담쟁이가 자라서 풀색일 무렵이면 풀색으로 바뀐다. 다 자란 애벌레는 담쟁이 줄기를 닮은 잿빛 밤색으로 바뀐다. 그러고는 잎과 줄기 사이에서 번데기가 된다. 이 번데기는 건드리면 사각거리는 소리를 내면서 세차게 몸을 흔든다.

　배노랑물결자나방은 1858년 중국에서 맨 처음 기록되었는데, 우리나라에서는 언제 처음 기록되었는지 뚜렷하지 않다. 일본, 타이완에서도 살고 있다.

애벌레

나오는 때 6~8월
사는 곳 온 나라 산
애벌레가 먹는 식물 담쟁이덩굴
날개 편 길이 35~46mm

노랑그물물결자나방 *Eustroma aerosum*

노랑그물물결자나방은 그물물결자나방과 닮았지만, 뒷날개 가운데방에 검은 점무늬가 없어서 다르다. 더듬이는 암수 모두 실처럼 길쭉하다. 앞날개는 검은색 바탕에 누르스름하거나 옅은 노란색을 띤 가는 가로줄들과 날개맥들이 복잡하게 어우러져 있다. 가운데방 끝부분 아래쪽에는 바깥쪽 가로줄과 날개맥들이 어울려 눈알처럼 생긴 타원형 무늬가 5개 나타난다. 뒷날개는 잿빛 밤색 바탕에 앞쪽 가장자리 날개 뿌리로 갈수록 색깔이 옅어진다. 가운데방 끝부분 위쪽에 짙은 밤색 삼각형 무늬가 있다.

노랑그물물결자나방은 온 나라 산을 중심으로 폭넓게 산다. 한 해에 두 번 날개돋이하는데, 어른벌레는 5월부터 8월까지 볼 수 있다. 애벌레가 무엇을 먹는지는 아직 알려지지 않았다.

노랑그물물결자나방은 1878년 일본에서 맨 처음 기록되었는데, 우리나라에서는 언제 처음 기록되었는지 뚜렷하지 않다. 극동 러시아에서도 살고 있다.

나오는 때 5~8월
사는 곳 온 나라 산
애벌레가 먹는 식물 모름
날개 편 길이 27~35mm

까치물결자나방 *Rheumaptera hecate*

까치물결자나방은 까치처럼 까만 몸에 하얀 줄무늬가 뚜렷하다. 뒷날개 가운데에 있는 하얀 가로띠가 앞날개와 이어진다. 날개에 있는 하얀 띠무늬 모양은 개체마다 차이가 있다. 큰까치물결자나방과 닮았지만, 앞날개 바깥쪽에 있는 가로줄 띠 생김새와 부드러운 털 색깔이 달라 구별된다. 더듬이는 암수 모두 실처럼 길쭉하다.

까치물결자나방은 온 나라에서 볼 수 있다. 하지만 산을 중심으로 몇몇 곳에서 산다. 어른벌레는 5월부터 8월까지 볼 수 있다. 낮에 나와 돌아다니며, 나비처럼 여러 꽃에서 꿀을 빤다. 가끔 밤에 등불로 날아온다. 애벌레는 철쭉 잎을 갉아 먹는다고 알려졌다.

까치물결자나방은 1878년 일본에서 맨 처음 기록되었는데, 우리나라에서는 언제 처음 기록되었는지 뚜렷하지 않다. 극동 러시아에서도 살고 있다.

나오는 때 5~8월
사는 곳 온 나라 산 몇몇 곳
애벌레가 먹는 식물 철쭉
날개 편 길이 26~35mm

꽃술재주나방 *Dudusa sphingiformis*

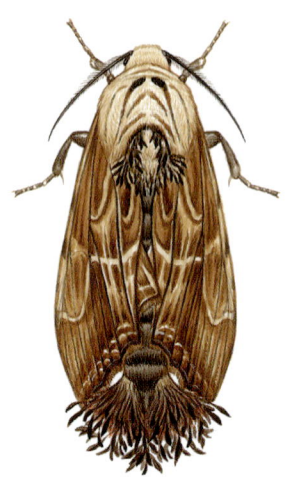

밤나방상과 재주나방과

꽃술재주나방은 앞날개에 있는 바깥쪽 가로줄이 'S'자처럼 휘었고, 배 끝에 털처럼 수북하게 커다란 비늘 다발이 있어서 다른 재주나방 무리와 구별된다. 다른 나방과 달리 날지 않을 때는 날개를 몸에 붙여 접고 있다.

꽃술재주나방은 온 나라에서 볼 수 있다. 하지만 산을 중심으로 몇몇 곳에서 산다. 한 해에 두 번 날개돋이하는데, 어른벌레는 5월부터 8월까지 볼 수 있다. 애벌레는 신나무, 복자기, 단풍나무 잎을 갉아 먹는다고 알려졌다. 4령 애벌레는 귤빛이지만 다 자란 애벌레가 되면 밝은 빨간색으로 바뀐다. 1번째 배마디에는 하얗고 둥근 무늬가 있고, 검고 긴 살갗 돌기들이 많이 돋아 있다. 애벌레는 머리와 꼬리 부분을 아래로 늘어뜨린 채 단풍나무류에 붙어 있는데 몸 빛깔 때문에 눈에 잘 띈다. 허물을 벗은 뒤에는 살갗 돌기와 허물을 정신없이 먹는다. 다 자란 애벌레는 땅속으로 들어가 고치를 만들고 번데기가 된다.

꽃술재주나방은 1872년 인도 북부 지역에서 맨 처음 기록되었고, 우리나라에서는 1924년 처음 기록된 것으로 알려졌다. 중국, 일본, 타이완, 네팔, 미얀마, 베트남 같은 곳에서도 살고 있다.

나오는 때 5~8월
사는 곳 온 나라 산 몇몇 곳
애벌레가 먹는 식물 신나무, 복자기, 단풍나무
날개 편 길이 70~89mm

애벌레

왕재주나방 *Tarsolepis japonica*

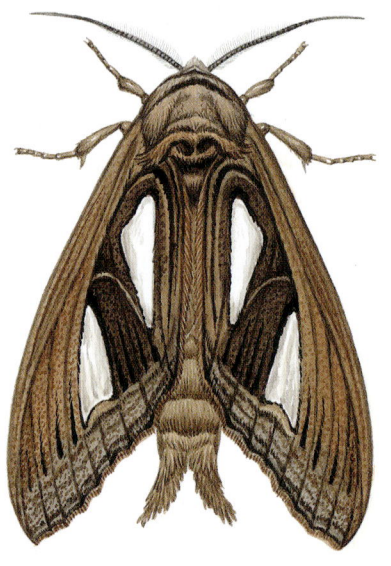

밤나방상과 재주나방과

왕재주나방은 앞날개 가운데방에 은백색 삼각형 무늬가 두 개 있어서 다른 재주나방 무리와 구별된다. 앞날개는 어두운 누런 밤색 바탕에 가운데에 커다란 은백색 삼각형 무늬가 서로 반대 모양으로 나타나며 검은 밤색 테두리를 두르고 있다. 뒷날개는 작고, 고동색 바탕에 앞쪽 가장자리로 갈수록 색깔이 옅어진다.

왕재주나방은 온 나라에서 볼 수 있다. 하지만 산을 중심으로 몇몇 곳에서 산다. 한 해에 한 번 날개돋이하는데, 어른벌레는 6월부터 8월까지 볼 수 있다. 애벌레는 단풍나무 잎을 갉아 먹는다고 알려졌다. 어린 애벌레는 머리가 누런 밤색을 띠는데 몸 굵기보다 조금 더 크다. 몸은 밤색을 띠며, 꼬리돌기는 매우 길다. 꼬리돌기는 검은 밤색을 띠고, 가운데쯤에는 옅은 노란색이나 풀빛을 띤다. 다 자란 애벌레는 몸이 누런 밤색이고, 작고 검은 점이 줄지어 있다. 가슴은 분홍빛이 돌고, 별다른 무늬가 없다. 숨구멍은 검은 밤색 테두리를 두른 긴 타원형이다. 다 자란 애벌레는 어린 애벌레와 달리 꼬리돌기가 없다. 다 자란 애벌레는 땅속으로 들어가 번데기가 되어 겨울을 난다.

왕재주나방은 1917년 타이완에서 맨 처음 기록되었고, 우리나라에서는 1959년 경기도 광릉에서 채집된 표본을 사용하여 처음 기록된 것으로 알려졌다. 중국, 일본에서도 살고 있다.

나오는 때 6~8월
사는 곳 온 나라 산 몇몇 곳
애벌레가 먹는 식물 단풍나무
날개 편 길이 60~75mm

기생재주나방 *Uropyia meticulodina*

밤나방상과 재주나방과

　기생재주나방은 앞날개 바깥쪽 가장자리에 검은 밤색 무늬가 폭넓게 발달하고, 날개 뿌리까지 검은 밤색 무늬가 가늘게 이어져 있어서 다른 재주나방 무리와 구별된다. 앞날개는 누런 밤색 바탕에 자줏빛 밤색이거나 검은 자줏빛 밤색 무늬가 크게 나타난다. 뒷날개는 옅은 노란색이거나 잿빛 바탕에 뒤쪽 가장자리로 갈수록 진한 노란색 털들로 덮여 있다. 가로줄과 무늬는 나타나지 않지만, 날개맥은 뚜렷하게 보인다.

　기생재주나방은 온 나라에서 볼 수 있다. 하지만 산을 중심으로 몇몇 곳에서 산다. 한 해에 두 번 날개돋이하는데, 어른벌레는 5월부터 9월까지 볼 수 있다. 애벌레는 가래나무, 호두나무, 굴피나무 잎을 갉아 먹는다고 알려졌다.

　기생재주나방은 1884년 극동 러시아에서 맨 처음 기록되었고, 우리나라에서는 1924년 처음 기록된 것으로 알려졌다. 중국, 일본에서도 살고 있다.

나오는 때 5~9월
사는 곳 온 나라 산 몇몇 곳
애벌레가 먹는 식물 가래나무, 호두나무, 굴피나무
날개 편 길이 43~56mm

애벌레

남방섬재주나방 *Hagapteryx kishidai*

밤나방상과 재주나방과

　남방섬재주나방은 앞날개 뒤쪽 가장자리 가운데에 큰 붉은 밤색 털 다발이 있어서 다른 재주나방 무리와 구별된다. 앞날개는 붉은 밤색 바탕에 흑색과 붉은 밤색을 띤 불규칙한 무늬들이 복잡하게 어우러져 있다. 가운데 가장자리 선은 날카로운 톱니 모양으로 두 줄 선으로 되어 있다. 뒤쪽 가장자리 가운데에는 붉은 밤색 털 다발이 있다. 뒷날개는 누런 밤색 바탕에 검은 밤색을 띤 가는 바깥쪽 가로줄이 흐릿하게 나타난다.

　남방섬재주나방은 온 나라에서 볼 수 있다. 하지만 산을 중심으로 몇몇 곳에서 산다. 한 해에 한 번 날개돋이하는데, 어른벌레는 6월부터 8월까지 볼 수 있다. 애벌레는 굴피나무, 개암나무, 오리나무 잎을 갉아 먹는다고 알려졌다. 다 자란 애벌레 머리와 몸은 어두운 밤색 바탕에 작고 하얀 점이 군데군데 흩뿌려져 있다. 머리에는 검은 밤색 무늬가 가늘게 나 있는데 마치 그물처럼 얽혀 있다. 8번째 배마디는 등 쪽으로 솟았고, 가슴다리는 짧다. 곤봉처럼 생긴 꼬리다리는 툭 튀어나왔다. 꼬리돌기 두 개는 짧은 편이며, 살짝 안쪽으로 휘었다. 위험을 느끼면 머리를 뒤로 젖히면서 배 끝을 들어 올린다.

　남방섬재주나방은 1911년 중국에서 맨 처음 기록되었고, 우리나라에서는 1988년 처음 기록된 것으로 알려졌다. 극동 러시아, 일본에서도 살고 있다.

나오는 때 6~8월
사는 곳 온 나라 산 몇몇 곳
애벌레가 먹는 식물 굴피나무, 개암나무, 오리나무
날개 편 길이 34~45mm

애벌레

가중나무껍질나방
가중나무껍질밤나방 *Eligma narcissus*

밤나방상과 혹나방과

　가중나무껍질나방은 뒷날개 바깥쪽 가장자리가 폭넓게 푸르스름한 남색을 띠고 있어서 다른 껍질나방 무리와 구별된다. 앞날개는 앞쪽 가장자리가 폭넓게 검은 잿빛을 띠고, 가운데는 날개 뿌리에서 날개 끝까지 흰색을 띠며, 그 아래쪽에서 뒤쪽 가장자리까지는 폭넓게 보랏빛이 도는 잿빛을 띤다. 하지만 개체에 따라 색깔 차이가 난다. 뒷날개는 앞날개보다 매우 넓으며, 노란색 바탕에 가운데에서 바깥쪽 가장자리까지 폭넓게 청람색을 띤다.

　가중나무껍질나방은 온 나라 몇몇 곳에서 산다. 어른벌레는 7월부터 11월까지 볼 수 있다. 애벌레는 가중나무 잎을 갉아 먹는다고 알려졌다. 다 자란 애벌레 머리는 까맣다. 몸은 밝은 노란색 바탕에 등 쪽 가운데에 검은 점들이 마디마다 있고, 마디 가운데마다 검은 줄 테두리를 두르고 있다. 몸에 난 털은 매우 길며 하얗다. 애벌레들은 흩어지지 않고 무리를 지어 모여 산다. 다 자란 애벌레는 나무줄기에 길고, 납작한 고치를 만들고 번데기가 된다. 위험을 느끼면 번데기에서 우는 소리가 난다.

　가중나무껍질나방은 1775년 중국에서 맨 처음 기록되었는데, 우리나라에서는 언제 처음 기록되었는지 뚜렷하지 않다. 극동 러시아, 일본, 타이완, 필리핀, 인도네시아, 인도 같은 곳에서도 살고 있다.

나오는 때 7~11월
사는 곳 온 나라 몇몇 곳
애벌레가 먹는 식물 가중나무
날개 편 길이 70~78mm

애벌레

번데기

그물애나방 그물서리밤나비북, 그물밤나방 *Sinna extrema*

그물애나방은 은무늬애기밤나방과 닮았지만, 앞날개 앞쪽 모서리에 까만 점들이 있어서 다르다. 앞날개는 흰색 바탕에 녹색 빛이 도는 노란색 무늬들이 불규칙한 그물 모양을 이룬다. 날개 끄트머리와 바깥쪽 가장자리에는 검은 점들이 나타난다. 하지만 그물 모양 무늬와 점무늬들은 개체에 따라 차이가 크고, 작거나 나타나지 않기도 한다. 날개 끝에 있는 점무늬는 4개이고, 바깥쪽 가장자리 가운데에서 뒤쪽 모서리까지 그보다 작은 점무늬가 3개 있다. 뒷날개는 흰색 바탕에 무늬가 나타나지 않는다.

그물애나방은 온 나라에서 볼 수 있다. 하지만 산을 중심으로 몇몇 곳에서 산다. 한 해에 두 번 날개돋이하는데, 어른벌레는 4월부터 9월까지 볼 수 있다. 애벌레가 무엇을 먹는지는 알려지지 않았다.

그물애나방은 1854년 중국에서 맨 처음 기록되었는데, 우리나라에서는 언제 처음 기록되었는지 뚜렷하지 않다. 극동 러시아, 일본에서도 살고 있다. 북녘에서는 '그물서리밤나비'라고 한다.

나오는 때 4~9월
사는 곳 온 나라 산 몇몇 곳
애벌레가 먹는 식물 모름
날개 편 길이 31~36mm

꽃무늬나방

꽃무늬밤나방 *Camptoloma interioratum*

꽃무늬나방은 앞날개 가운데와 바깥쪽 가장자리에 주홍색 가로줄 무늬들이 발달해서 다른 밤나방 무리와 구별된다. 앞날개는 옅은 주황색 바탕에 검은색 가로줄들과 주홍색 무늬들이 발달한다. 뒷날개는 짙은 노란색 바탕에 무늬가 나타나지 않는다.

꽃무늬나방은 온 나라에서 볼 수 있다. 하지만 산을 중심으로 몇몇 곳에서 산다. 한 해에 한 번 날개돋이하는데, 어른벌레는 6월부터 7월까지 볼 수 있다. 애벌레는 상수리나무, 떡갈나무, 졸참나무 잎을 갉아 먹는다고 알려졌다.

꽃무늬나방은 1865년 중국에서 맨 처음 기록되었는데, 우리나라에서는 언제 처음 기록되었는지 뚜렷하지 않다. 극동 러시아, 일본에서도 살고 있다.

나오는 때 6~7월
사는 곳 온 나라 산 몇몇 곳
애벌레가 먹는 식물 상수리나무, 떡갈나무, 졸참나무
날개 편 길이 32~34mm

활무늬수염나방 *Hypena bicoloralis*

밤나방상과 태극나방과

활무늬수염나방은 흰줄수염나방과 닮았지만, 날개 바깥쪽에 난 가로줄 생김새가 달라서 구별된다. 앞날개는 옅은 잿빛 밤색 바탕에 바깥쪽 가로줄 안쪽은 뒤쪽 가장자리를 빼고 날개 뿌리까지 검은 밤색을 띤다. 바깥쪽 가장자리 선은 흰색을 띤다. 뒷날개는 옅은 누런 밤색 바탕에 바깥쪽 가장자리 선은 날개맥 사이가 검은색을 띠어 줄무늬로 보인다. 가운데방 끝부분에 있는 가로맥 무늬는 초승달처럼 생겼다.

활무늬수염나방은 온 나라에서 볼 수 있다. 하지만 산을 중심으로 몇몇 곳에서 산다. 한 해에 두 번 날개돋이하는데, 어른벌레는 6월부터 9월까지 볼 수 있다. 애벌레는 느릅나무 잎을 갉아 먹는다고 알려졌다. 다 자란 애벌레 머리는 옅은 분홍빛이 도는 옅은 풀색을 띤다. 몸은 풀색을 띠고, 배마디 앞쪽 부분은 옅은 노란색을 띤다. 3번째 배마디에 다리가 없다. 털이 난 곳은 검은색을 띠어서 마치 검은 점으로 보이며, 몸 뒤쪽 마디에는 검은 점무늬가 뚜렷하다. 배마디 끝은 분홍색을 띤다.

활무늬수염나방은 1889년 극동 러시아에서 맨 처음 기록되었는데, 우리나라에서는 언제 처음 기록되었는지 뚜렷하지 않다. 중국, 타이완, 인도 같은 곳에서도 살고 있다.

나오는 때 6~9월
사는 곳 온 나라 산 몇몇 곳
애벌레가 먹는 식물 느릅나무
날개 편 길이 23~36mm

애벌레

독나방 *Artaxa subflava*

밤나방상과 태극나방과

독나방은 무늬독나방과 닮았지만, 앞날개에 노란 날개맥으로 나뉜 짙은 밤색 띠가 가운데에 있어서 다르다. 앞날개는 노란색 바탕에 가운데 가로줄은 짙은 밤색으로 노란 날개맥 때문에 그물처럼 나뉘어 있다. 날개 끄트머리와 바깥쪽 가장자리 가운데 위쪽에 검은 밤색 점무늬가 있다. 하지만 개체에 따라 뚜렷하지 않을 때도 있다. 뒷날개는 옅은 노란색 바탕에 날개 뿌리 쪽 색깔이 옅다.

독나방은 온 나라에 제법 폭넓게 산다. 한 해에 한 번 날개돋이하는데, 어른벌레는 6월부터 9월까지 볼 수 있다. 애벌레는 밤나무, 아까시나무, 느티나무, 사과나무, 자두나무, 뽕나무, 버드나무, 감나무, 장미, 개옻나무, 참나무류 같은 잎을 갉아 먹는다고 알려졌다. 짝짓기를 마친 암컷은 먹이식물 줄기에 알을 200~300개 낳고, 알 무더기를 어른벌레 배에 있는 노란 털로 덮는다. 애벌레는 검은색과 주황색이 섞여 있어 알록달록하다. 수많은 애벌레들이 모여 지내며 잎을 갉아 먹는다. 애벌레 때에는 몸을 지키기 위해 털이 잔뜩 나 있는데, 이 긴 털에는 독이 없다. 애벌레 1번째와 2번째 배마디 등에 까만 돌기가 한 쌍씩 있는데, 여기에 독이 있는 털이 눈에 안 보일 만큼 짧게 나 있다. 그러다가 번데기가 되고 어른벌레가 되면 독이 있는 털이 된다. 어른벌레 배 끝부분에 뭉쳐 있는 털이 살 속에 있는 독샘과 이어져 있다. 이 털들이 사람 살갗에 닿으면 독 때문에 가렵거나 두드러기가 난다.

독나방은 1864년 극동 러시아에서 맨 처음 기록되었고, 우리나라에서는 1897년 북한 원산에서 채집된 표본을 사용하여 처음 기록된 것으로 알려졌다. 중국, 일본에서도 살고 있다.

애벌레

나오는 때 6~9월
사는 곳 온 나라
애벌레가 먹는 식물 밤나무, 아까시나무, 느티나무, 사과나무, 자두나무, 뽕나무, 버드나무, 감나무, 장미, 개옻나무, 참나무류
날개 편 길이 21~41mm

매미나방
참나무독나비붙, 집시나방 *Lymantria dispar*

수컷

암컷

나무에 앉은 암컷

밤나방상과 태극나방과

매미나방 암컷은 얼룩매미나방과 닮았지만, 날개가 우윳빛처럼 허옇고 배는 노래서 다르다. 매미나방 암컷과 수컷은 생김새와 몸 빛깔이 사뭇 다르다.

매미나방은 온 나라에 폭넓게 산다. 한 해에 한 번 날개돋이하는데, 어른벌레는 6월부터 8월까지 볼 수 있다. 낮에도 제법 볼 수 있으며, 등불에도 잘 모인다. 애벌레는 느릅나무, 상수리나무, 자작나무, 사과나무 같은 여러 나뭇잎을 갉아 먹는다. 짝짓기를 마친 암컷은 동그란 알을 덩어리로 낳은 뒤 자기 몸에 있는 노란 털로 마치 스펀지처럼 푹신푹신하게 덮는다. 어느 정도 자란 애벌레는 머리가 노랗고, 앞쪽에 팔자처럼 생긴 까만 무늬가 있다. 등 앞쪽에는 털 뭉치가 4쌍 있는데 뿌리 쪽이 어두운 파란색을 띠고, 그 뒤쪽에 있는 돌기들은 어두운 붉은색을 띤다. 몸에 난 털들은 거의 다 길고, 누런 밤색을 띤다. 애벌레 털에는 독이 있어서 사람 살갗에 닿으면 두드러기가 생기기도 한다. 다 자란 애벌레는 나뭇잎에 실을 조금 치고 그 속에서 번데기가 된다.

매미나방은 1758년 유럽에서 맨 처음 기록되었고, 우리나라에서는 1887년 처음 기록된 것으로 알려졌다. 극동 러시아, 중국, 일본, 남아메리카 같은 곳에서도 살고 있다. 북녘에서는 '참나무독나비'라고 한다.

2령 애벌레

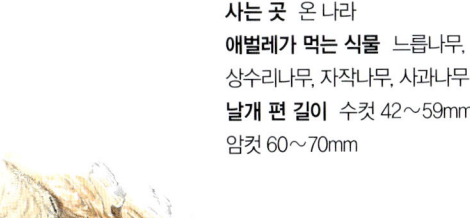

알 낳기

나오는 때 6~8월
사는 곳 온 나라
애벌레가 먹는 식물 느릅나무, 상수리나무, 자작나무, 사과나무
날개 편 길이 수컷 42~59mm, 암컷 60~70mm

흰띠독나방 *Numenes disparilis*

밤나방상과 태극나방과

흰띠독나방 암컷은 큰흰띠독나방 암컷과 닮았지만, 뒷날개 가운데 가장자리에 커다란 검은색 무늬가 하나만 있어서 다르다. 더듬이는 빗살 모양으로 검은 밤색을 띠고, 가슴은 검은 밤색과 황색 비늘 가루가 섞여 있다. 수컷 날개는 검은 바탕에 앞날개에 연한 누런색 띠무늬가 하나만 있고, 뒷날개는 날개 뿌리에서 가운데까지 폭넓게 흰색을 띤다. 암컷 앞날개는 검은 바탕에 굵고 연한 누런 띠 무늬가 날개 뿌리에 1개, 앞쪽 가장자리에서 뒤쪽 모서리로 모이는 곳에 3개 있다. 뒷날개는 노란색 바탕에 가운데 가장자리에 검은 밤색 무늬가 폭넓게 있다.

흰띠독나방은 온 나라 몇몇 곳에서 산다. 어른벌레는 6월부터 9월까지 볼 수 있다. 애벌레는 오리나무, 새우나무 잎을 갉아 먹는다고 알려졌다.

흰띠독나방은 1887년 극동 러시아에서 맨 처음 기록되었고, 우리나라에서는 1959년 경기도 광릉에서 채집된 표본을 사용하여 처음 기록된 것으로 알려졌다. 중국, 일본에서도 살고 있다.

나오는 때 6~9월
사는 곳 온 나라 몇몇 곳
애벌레가 먹는 식물 오리나무, 새우나무
날개 편 길이 46~56mm

흰무늬왕불나방
범무늬불나비북 *Aglaomorpha histrio*

흰무늬왕불나방은 앞날개가 뒷노랑왕불나방과 닮았지만, 흰 무늬가 앞쪽 가장자리에만 있지 않고 폭넓게 나 있어서 다르다. 더듬이는 실처럼 가늘고 까맣다.

흰무늬왕불나방은 온 나라에 폭넓게 산다. 한 해에 두 번 날개돋이하는데, 어른벌레는 5월부터 9월까지 볼 수 있다. 낮에도 나와 돌아다니지만, 등불에 잘 모인다. 애벌레는 여뀌, 고마리 잎을 갉아 먹는다고 알려졌다. 다 자란 애벌레는 머리와 가슴이 검은색이고, 몸은 밤색을 띤다. 털이 난 곳에 있는 털받침들은 혹처럼 둥글게 솟아 있다. 머리와 가슴에 난 털은 까맣고, 배에 난 털들은 붉은 밤색을 띤다. 배 윗면 양옆으로는 검은 점들이 마디마다 있다. 몸은 자랄수록 색깔이 시나브로 더 엷어져서 다 자란 것은 희끄무레하게 보인다. 낮에는 거의 땅 가까이에 있어서 눈에 잘 띄지 않는다. 위험을 느끼면 몸을 둥글게 말고 땅바닥으로 툭 떨어져 버린다. 다 자란 애벌레는 가랑잎 더미 사이에 가만히 있다가 구멍이 숭숭 뚫린 엉성한 막을 가랑잎 사이에 만들고 번데기가 된다.

흰무늬왕불나방은 1855년 중국에서 맨 처음 기록되었고, 우리나라에서는 1887년 처음 기록된 것으로 알려졌다. 극동 러시아, 일본, 타이완 같은 곳에서도 살고 있다. 북녘에서는 '범무늬불나비'라고 한다.

나오는 때 5~9월
사는 곳 온 나라
애벌레가 먹는 식물 여뀌, 고마리
날개 편 길이 70~90mm

애벌레

뒷노랑왕불나방 붉은등불나비^북 *Pericallia matronula*

뒷노랑왕불나방은 흰무늬왕불나방과 닮았지만, 앞날개 앞쪽 가장자리에만 옅은 노란색 무늬들이 있어서 다르다. 우리나라에서 가장 큰 불나방류이다. 더듬이는 짧고, 검은색을 띠며 실처럼 생겼다. 앞날개는 검은 밤색 바탕에 누르스름한 점무늬가 앞쪽 가장자리에 4개 있고, 그 바깥에 작은 점무늬가 한 개 있다. 또 뒤쪽 모서리 안쪽에 작은 점무늬가 있다. 뒷날개는 짙은 노란색 바탕에 검은 점무늬들이 있다.

뒷노랑왕불나방은 온 나라 몇몇 곳에서 산다. 한 해에 한 번 날개돋이하는데, 어른벌레는 7월부터 8월까지 볼 수 있다. 애벌레는 사시나무, 매화나무, 살구나무, 버드나무류 잎을 갉아 먹는다고 알려졌다.

뒷노랑왕불나방은 1758년 독일에서 맨 처음 기록되었고, 우리나라에서는 1939년 함경남도 고원 지역에서 처음 기록된 것으로 알려졌다. 극동 러시아, 중국, 일본, 카자흐스탄, 유럽 같은 곳에서도 살고 있다. 북녘에서는 '붉은등불나비'라고 한다.

나오는 때 7~8월
사는 곳 온 나라 몇몇 곳
애벌레가 먹는 식물 사시나무, 매화나무, 살구나무, 버드나무류
날개 편 길이 수컷 62~80mm, 암컷 76~92mm

점박이불나방 *Agrisius fuliginosus*

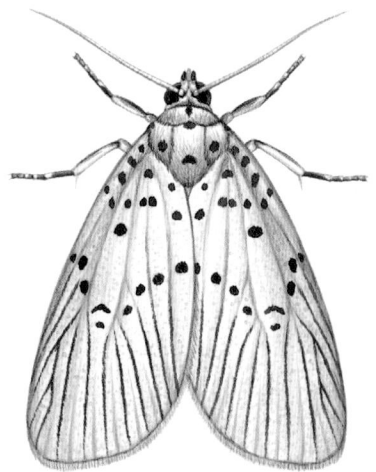

밤나방상과 태극나방과

점박이불나방은 앞날개가 허옇고 날개 뿌리 쪽에 작고 까만 점들이 모여 있다. 또 안쪽 가로줄과 가운데 가로줄이 작은 점들로 이루어져 다른 불나방 무리와 구별된다. 길쭉한 앞날개는 잿빛 바탕에 날개맥들은 옅은 밤색으로 뚜렷하다. 날개 뿌리 쪽에 검은색 작은 점무늬가 5개 있다. 안쪽 가로줄은 작고 검은 점 6개로 이루어져 있다. 가운데 가로줄은 작고 검은 점 7개로 이루어진다. 가운데 방 가운데에 작고 검은 점무늬가 2개 있다. 뒷날개는 잿빛 바탕에 옅은 밤색 날개맥들이 도드라져 보인다.

점박이불나방은 온 나라에서 볼 수 있다. 하지만 산을 중심으로 몇몇 곳에서 산다. 한 해에 두 번 날개돋이하는데, 어른벌레는 5월부터 9월까지 볼 수 있다. 애벌레는 신갈나무, 갈참나무, 사탕무, 아마, 토끼풀, 배추류 잎을 갉아 먹는다고 알려졌다. 다 자란 애벌레는 머리와 배 뒤쪽 부분이 주황색을 띠고, 몸은 연한 노란색 바탕에 크기가 다른 검은 점무늬들이 마디마다 있다. 어린 애벌레들은 잎맥을 남기고 잎살만 먹고, 자라면 잎을 몽땅 갉아 먹는다. 애벌레들이 먹은 참나무 잎은 잎맥만 남아 있거나 여기저기 먹다 만 것이 많아서 아주 지저분하게 보인다.

점박이불나방은 1872년 인도에서 맨 처음 기록되었고, 우리나라에서는 1933년 경상북도 직지사 부근에서 채집된 표본을 사용하여 처음 기록된 것으로 알려졌다. 일본, 중국, 네팔에서도 살고 있다.

애벌레 　　　　　짝짓기

나오는 때 5~9월
사는 곳 온 나라 산 몇몇 곳
애벌레가 먹는 식물 신갈나무, 갈참나무, 사탕무, 아마, 토끼풀, 배추류
날개 편 길이 42~47mm

붉은줄불나방
붉은줄흰이끼불나비북 *Cyana hamata*

붉은줄불나방은 어리붉은줄불나방과 닮았지만, 앞날개 바깥쪽 가장자리가 온통 붉은색을 띠어서 다르다. 어리붉은줄불나방은 하얗다. 앞날개는 하얀색 바탕에 굵고 붉은 가로줄들이 있고, 가운데방 끝부분에 검은 밤색 점무늬가 있다. 수컷은 가운데방 끝부분에 가로맥 점무늬가 2개 있는데, 개체에 따라 가늘게 이어지기도 한다. 암컷은 가운데방 끝부분에 가로맥 점무늬가 1개 나타난다. 바깥쪽 가장자리는 대부분 붉은색을 띠어 띠무늬로 나타나는데, 뒤쪽 모서리에서 바깥쪽 가로줄과 맞닿지 않는다. 뒷날개는 분홍색 바탕에 앞쪽 가장자리와 날개 뿌리로 갈수록 색깔이 옅어지고, 무늬나 가로줄이 나타나지 않는다.

붉은줄불나방은 온 나라에서 볼 수 있다. 하지만 산을 중심으로 몇몇 곳에서 산다. 어른벌레는 6월부터 9월까지 볼 수 있다. 애벌레는 선태류와 지의류를 갉아 먹는다고 알려졌다. 다 자란 애벌레는 잿빛이 도는 검은색 바탕에 등 가운데에 있는 줄무늬 1쌍이 뚜렷하게 노란색을 띠고, 마디마다 작고 검은 점들이 있는 주황색 돌기 1쌍이 줄무늬와 이어진다.

붉은줄불나방은 1854년 중국에서 맨 처음 기록되었고, 우리나라에서는 1924년 제주도에서 처음 기록된 것으로 알려졌다. 일본, 타이완에서도 살고 있다. 북녘에서는 '붉은줄흰이끼불나비'라고 한다.

나오는 때 6~9월
사는 곳 온 나라 산 몇몇 곳
애벌레가 먹는 식물 선태류, 지의류
날개 편 길이 26~32mm

목도리불나방
검정가는불나비북 *Macrobrochis staudingeri*

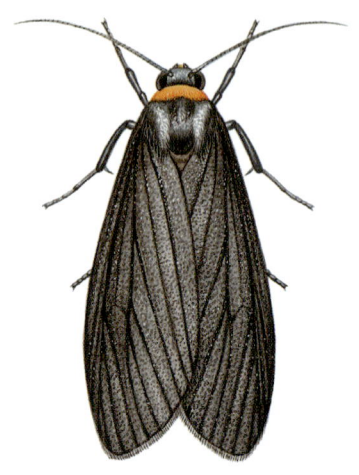

목도리불나방은 앞노랑검은불나방과 닮았지만, 앞날개 앞쪽 가장자리가 노란색을 띠지 않아서 다르다. 앞날개는 살짝 금속처럼 반짝이고, 검푸르거나 잿빛 밤색을 띤다. 특별한 무늬는 없지만, 날개맥은 짙은 색을 띠어 도드라져 보인다. 뒷날개는 엷은 잿빛 밤색 바탕에 날개맥이 뚜렷하게 보인다.

목도리불나방은 온 나라 몇몇 곳에서 산다. 한 해에 한 번 날개돋이하는데, 어른벌레는 6월부터 9월까지 볼 수 있다. 애벌레가 무엇을 먹는지는 아직 알려지지 않았다. 다 자란 애벌레는 머리와 가슴 뒷부분이 진한 노란색을 띤다. 등 쪽에는 진한 노란색 줄무늬가 1쌍 있으며, 털들이 뭉쳐나는데 털 뭉치 뿌리는 고리처럼 동그랗고 푸르스름한 색깔을 띤다.

목도리불나방은 1897년에 우리나라에서 맨 처음 기록했다. 러시아, 중국, 일본에서도 살고 있다. 북녘에서는 '검정가는불나비'라고 한다.

나오는 때 6~9월
사는 곳 온 나라 몇몇 곳
애벌레가 먹는 식물 모름
날개 편 길이 35~54mm

애기나방 *Amata fortunei*

밤나방상과 태극나방과

　　애기나방은 노랑애기나방과 닮았지만, 배가 검은색을 띠고, 황금색 띠무늬가 있어서 다르다. 앞날개는 검은색 바탕에 커다란 반투명 무늬들이 6개 있는데, 날개 뿌리 쪽에 1개, 가운데에 2개 그리고 바깥쪽 가장자리에 3개 있다. 뒷날개는 앞날개보다 훨씬 작고, 날개 가운데에 반투명한 무늬가 이어져 있다.

　　애기나방은 온 나라 몇몇 곳에서 산다. 한 해에 두 번 날개돋이하는데, 어른벌레는 6월부터 9월까지 보인다. 낮에 들판 풀밭에서 지내며, 등불에는 찾아오지 않는다. 애벌레는 민들레를 갉아 먹는다고 알려졌다. 다 자란 애벌레는 보랏빛이 도는 검은색을 띠고, 털로 덮여 있다. 애벌레로 겨울을 난다.

　　애기나방은 1869년 일본에서 맨 처음 기록되었는데, 우리나라에서는 언제 처음 기록되었는지 뚜렷하지 않다. 러시아, 중국, 타이완에서도 살고 있다.

나오는 때 6~9월
사는 곳 온 나라 몇몇 곳
애벌레가 먹는 식물 민들레
날개 편 길이 28~37mm

으름큰나방
어름잎밤나비북, 으름밤나방, 으름덩굴큰나방

나무에 앉은 모습

날개 아랫면

Eudocima tyrannus

 으름큰나방은 애으름큰나방과 닮았지만, 뒷날개 바깥쪽 가장자리가 검은색을 띠지 않아서 다르다. 앞날개는 짙은 밤색 바탕에 개체에 따라 광택이 있거나 보랏빛이 돌기도 하며, 날개맥 위에 매우 작고 검은 점들이 줄을 이룬다. 뒷날개는 주황색 바탕에 가운데가 오목한 검은 무늬가 있다. 가운데 가장자리 가운데에는 굵고 검은 띠무늬가 있다.

 으름큰나방은 온 나라 몇몇 곳에서 산다. 한 해에 한 번 날개돋이하는데, 어른벌레는 7월부터 9월까지 볼 수 있다. 어른벌레는 여러 가지 나무 열매에 날아와 열매즙을 빨아 먹는다. 애벌레는 으름덩굴, 댕댕이덩굴, 사과나무, 포도나무, 배나무, 산돌배나무, 무화과 잎을 갉아 먹는다고 알려졌다. 다 자란 애벌레는 머리가 살구색을 띠고, 가슴다리 끝부분은 까맣다. 몸은 어두운 자줏빛이거나 풀색을 띠고, 1번째와 2번째 배마디에 눈알처럼 동그랗고 큰 무늬가 있다. 자나방 애벌레처럼 배 가운데가 높이 휘어지며 기어 다닌다. 가만히 멈춰 있을 때는 머리와 가슴, 1~2번째 배마디를 둥글게 구부려 꼭 머리를 잔뜩 수그리고 있는 것처럼 보인다. 다 자란 애벌레는 잎을 묶어 고치를 짓고 그 속에서 번데기가 된다. 어른벌레로 겨울을 난다고 알려졌다.

 으름큰나방은 1852년 인도에서 맨 처음 기록되었는데, 우리나라에서는 언제 처음 기록되었는지 뚜렷하지 않다. 극동 러시아, 중국, 일본, 타이완, 인도네시아, 말레이시아, 네팔 같은 곳에서도 살고 있다. 북녘에서는 '어름잎밤나비'라고 한다.

애벌레

나오는 때 7~9월
사는 곳 온 나라 몇몇 곳
애벌레가 먹는 식물 으름덩굴, 댕댕이덩굴, 사과나무, 포도나무, 배나무, 산돌배나무, 무화과
날개 편 길이 96~104mm

신부짤름나방 붉은뾰족날개밤나비북 *Naganoella timandra*

밤나방상과 태극나방과

　신부짤름나방은 날개 바탕색이 진한 분홍색을 띠고, 굵고 곧은 가로줄이 뚜렷해서 다른 짤름나방 무리와 구별된다. 앞날개는 짙은 분홍색 바탕에 허연 가로줄들이 나 있고, 가로줄 경계면은 누런 풀색을 띤다. 뒷날개는 짙은 분홍색 바탕에 앞쪽 가장자리와 뒤쪽 가장자리 날개 뿌리 쪽으로 갈수록 누르스름하다. 앞날개와 비슷하게 가로줄이 나 있고, 앞날개 가로줄들과 이어진다.

　신부짤름나방은 온 나라 산을 중심으로 폭넓게 산다. 어른벌레는 5월부터 9월까지 볼 수 있다. 애벌레는 개머루 잎을 갉아 먹는다고 알려졌다.

　신부짤름나방은 1879년 우리나라에서 맨 처음 기록되었다. 극동 러시아, 중국, 일본에서도 살고 있다. 북녘에서는 '붉은뾰족날개밤나비'라고 한다.

나오는 때 5~9월
사는 곳 온 나라 산
애벌레가 먹는 식물 개머루
날개 편 길이 26~30mm

흰분홍꼬마짤름나방 흰분홍꼬마밤나방

Eublemma amasina 밤나방상과 태극나방과

흰분홍꼬마짤름나방은 앞날개가 흰 바탕이고, 3분의 2쯤이 옅은 붉은빛을 띠어서 다른 짤름나방무리와 구별된다. 앞날개 바깥쪽 가장자리에 작고 하얀 점무늬가 줄지어 있다. 뒷날개는 잿빛 바탕에 바깥쪽 가장자리가 옅은 담색을 띤다.

흰분홍꼬마짤름나방은 온 나라에서 볼 수 있다. 하지만 산을 중심으로 몇몇 곳에서 산다. 어른벌레는 5월부터 8월까지 볼 수 있다. 애벌레가 무엇을 먹는지는 아직 알려지지 않았다.

흰분홍꼬마짤름나방은 1842년 러시아에서 맨 처음 기록되었는데, 우리나라에서는 언제 처음 기록되었는지 뚜렷하지 않다. 중국, 일본, 중앙아시아, 유럽 같은 곳에서도 살고 있다.

나오는 때 5~8월
사는 곳 온 나라 산 몇몇 곳
애벌레가 먹는 식물 모름
날개 편 길이 24~25mm

연노랑뒷날개나방 *Catocala streckeri*

밤나방상과 태극나방과

　연노랑뒷날개나방은 들노랑뒷날개나방과 닮았지만, 앞날개 안쪽 가로줄이 물결처럼 일렁이고, 뒷날개 가운데에 있는 검은 띠무늬가 'U'자처럼 이어져서 다르다. 앞날개는 잿빛 밤색 바탕에 가로줄들은 검은색을 띤다. 가운데방 끝부분 아래쪽에는 검은 테두리를 두른 허연 무늬가 뚜렷하다. 뒷날개는 노란색 바탕에 가운데와 뒤쪽 가장자리 쪽에 검은 띠무늬가 'U'자처럼 이어져 있다. 바깥쪽 가장자리 가운데를 중심으로 날개맥 끝부분은 검은 밤색을 띠어 5개 점무늬로 보인다.

　연노랑뒷날개나방은 온 나라 산을 중심으로 폭넓게 산다. 한 해에 한 번 날개돋이하는데, 어른벌레는 4월부터 7월까지 볼 수 있다. 애벌레는 상수리나무, 신갈나무 같은 여러 가지 참나무류 잎을 갉아 먹는다고 알려졌다. 다 자란 애벌레는 머리가 까맣고 하얀 그물 무늬가 있어서 어지럽게 보인다. 가슴다리는 옅은 분홍빛이 돈다. 몸은 잿빛이고 마디마디에 검은색 작은 점무늬들이 열을 지어 있다. 8번째 배마디에는 검은색 돌기가 1쌍 있다.

　연노랑뒷날개나방은 1888년 극동 러시아에서 맨 처음 기록되었는데, 우리나라에서는 언제 처음 기록되었는지 뚜렷하지 않다. 중국, 일본에서도 살고 있다.

나오는 때 4~7월
사는 곳 온 나라 산
애벌레가 먹는 식물 상수리나무, 신갈나무 같은 여러 가지 참나무류
날개 편 길이 50~57mm

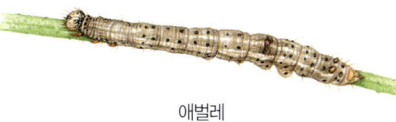

애벌레

왕흰줄태극나방 *Erebus ephesperis*

왕흰줄태극나방은 흰줄태극나방과 닮았지만, 몸이 더 크고, 앞날개와 뒷날개 날개 끝 가까이에 하얀 점무늬가 있어서 다르다. 태극나방 무리 가운데 몸집이 가장 크다. 앞날개는 짙은 밤색 바탕이며, 가운데방 끝부분에 커다란 태극 무늬가 있다. 앞날개와 뒷날개에 있는 하얀 바깥쪽 가로줄은 안쪽은 곧지만 바깥쪽은 톱니무늬를 이룬다.

왕흰줄태극나방은 온 나라 몇몇 곳에서 산다. 한 해에 두 번 날개돋이하는데, 어른벌레는 5월부터 9월까지 볼 수 있다. 어른벌레가 과수원 둘레에서 과일즙을 빨아 먹는 모습을 자주 볼 수 있다. 애벌레는 청미래덩굴 잎을 갉아 먹는다고 알려졌다.

왕흰줄태극나방이 맨 처음 알려진 나라는 뚜렷하지 않고, 우리나라 첫 기록도 뚜렷하지 않다. 중국, 일본, 타이완, 인도네시아, 말레이시아, 스리랑카, 네팔, 인도 같은 곳에서도 살고 있다.

나오는 때 5~9월
사는 곳 온 나라 산 몇몇 곳
애벌레가 먹는 식물 청미래덩굴
날개 편 길이 95~100mm

무궁화무늬나방
무궁화잎밤나비북, 무궁화밤나방 *Thyas juno*

밤나방상과 태극나방과

　무궁화무늬나방은 푸른띠밤나방과 닮았지만, 뒷날개 바깥쪽 가장자리가 폭넓게 붉은색을 띠어서 다르다. 앞날개는 잿빛 밤색 바탕에 아기선과 가로줄들은 짙은 밤색을 띤다. 가운데방 끝부분에 짙은 밤색 테두리를 두른 완두콩처럼 생긴 무늬가 있고, 그 안쪽으로 짙은 밤색 작은 점무늬가 있다. 뒷날개는 검은색 바탕에 가운데에 허연 가로띠가 있다. 바깥쪽 가장자리는 폭넓게 붉은색을 띤다.

　무궁화무늬나방은 온 나라에서 볼 수 있다. 하지만 산을 중심으로 몇몇 곳에서 산다. 한 해에 두 번 날개돋이하고, 어른벌레는 5월부터 9월까지 볼 수 있다. 애벌레는 굴피나무, 가래나무, 복숭아나무, 포도나무, 배나무, 사과나무 잎을 갉아 먹는다고 알려졌다. 다 자란 애벌레는 머리가 옅은 잿빛 밤색이고 검은 테두리를 두른 고동색 무늬가 뚜렷하다. 가슴다리는 분홍빛이 돈다. 몸은 밝은 잿빛 밤색을 띠고, 가늘고 검은 줄무늬들이 가로로 있어서 꼭 나무껍질처럼 보인다. 5번째 배마디 등 쪽에는 옅은 잿빛 밤색 테두리를 두른 커다란 눈알처럼 생긴 무늬가 있다. 8번째 배마디에는 밝은 노란색 돌기가 뿔처럼 작게 솟아 있다.

　무궁화무늬나방이 맨 처음 알려진 나라는 뚜렷하지 않고, 우리나라 첫 기록도 뚜렷하지 않다. 극동 러시아, 중국, 일본, 타이완, 필리핀, 인도네시아, 네팔, 인도 같은 곳에서도 살고 있다. 북녘에서는 '무궁화잎밤나비'라고 한다.

나오는 때 5~9월
사는 곳 온 나라 산 몇몇 곳
애벌레가 먹는 식물 굴피나무, 가래나무, 복숭아나무, 포도나무, 배나무, 사과나무
날개 편 길이 82~95mm

긴수염비행기나방
긴수염비행기밤나방 *Anuga multiplicans*

밤나방상과 비행기나방과

긴수염비행기나방은 숲비행기나방과 닮았지만, 앞날개 가운데방 가운데와 끝에 까만 점무늬가 있고, 더듬이가 앞날개 길이만큼 길어서 다르다. 앞날개는 잿빛이거나 잿빛 밤색 바탕에 가운데방 가운데와 끝에 검은색 점무늬가 있다. 가로줄들은 검은 밤색이거나 짙은 회색으로 톱니 모양이다. 뒷날개는 잿빛 바탕에 뒤쪽 모서리에 누르스름한 무늬가 폭넓게 나타난다.

긴수염비행기나방은 온 나라에서 볼 수 있다. 하지만 산을 중심으로 몇몇 곳에서 산다. 한 해에 한 번 날개돋이하는데, 어른벌레는 6월부터 8월까지 볼 수 있다. 애벌레는 옻나무, 개옻나무 잎을 갉아 먹는다고 알려졌다. 어느 정도 자란 애벌레는 머리가 옅은 완두콩 빛깔을 띠고, 몸은 옅은 누런색 바탕에 작고 파르스름한 검은 점들이 많다. 다 자란 애벌레 몸은 잿빛이나 짙은 잿빛이고 작고 검은 점들이 많다. 다 자란 애벌레는 고치를 짓고 번데기가 된다.

긴수염비행기나방은 1858년 인도에서 맨 처음 기록되었고, 우리나라에서는 1964년 처음 기록된 것으로 알려졌다. 중국, 타이완, 필리핀, 말레이시아, 스리랑카, 네팔 같은 곳에서도 살고 있다.

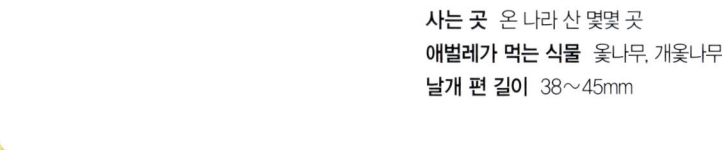

나오는 때 6~8월
사는 곳 온 나라 산 몇몇 곳
애벌레가 먹는 식물 옻나무, 개옻나무
날개 편 길이 38~45mm

애벌레

비행기나방

옷나무꼬리밤나비북, 비행기밤나방 *Eutelia geyeri*

밤나방상과 비행기나방과

생김새가 마치 비행기를 닮았다고 '비행기나방'이다. 비행기나방은 작은비행기나방과 닮았지만, 앞날개 바깥쪽 가장자리 가운데 아래쪽이 검은색을 띠지 않아서 다르다. 수컷은 배 끝 양쪽 가장자리에 긴 털 뭉치가 있다.

비행기나방은 온 나라에서 볼 수 있다. 하지만 산을 중심으로 몇몇 곳에서 산다. 어른벌레로 겨울을 난 뒤 4월부터 9월까지 볼 수 있다. 어른벌레는 배를 치켜들고 쉬고는 한다. 애벌레는 붉나무, 옻나무류 잎을 갉아 먹는다고 알려졌다. 다 자란 애벌레는 머리가 완두콩 빛깔을 띠고, 몸은 옅은 풀색 바탕에 누르스름한 작은 무늬들이 흩뿌려져 있어서 얼룩덜룩해 보인다. 자라면서 몸은 시나브로 붉은색을 띤다. 등 쪽 가운데 가장자리에 허연 줄무늬 한 쌍이 가슴에서 배 끝까지 길게 나 있다. 옆구리에 있는 숨구멍은 옅은 누런 풀빛 테두리를 두른 붉은 밤색이고 달걀꼴이다. 다 자란 애벌레는 땅속으로 들어가 둘레에 있는 부스러기를 붙여 고치를 짓고 번데기가 된다.

비행기나방은 1874년 일본에서 맨 처음 기록되었는데, 우리나라에서는 언제 처음 기록되었는지 뚜렷하지 않다. 극동 러시아, 중국, 타이완, 베트남, 네팔, 인도 같은 곳에서도 살고 있다. 북녘에서는 '옻나무꼬리밤나비'라고 한다.

나오는 때 4~9월
사는 곳 온 나라 산 몇몇 곳
애벌레가 먹는 식물 붉나무, 옻나무류
날개 편 길이 35~39mm

애벌레

큰금무늬밤나방 푸른금날개밤나비북 *Diachrysia stenochrysis*

밤나방상과 밤나방과

　큰금무늬밤나방은 꼬마금무늬밤나방과 닮았지만, 날개 바깥쪽 가로줄이 뚜렷한 줄무늬로 나타나서 다르다. 머리는 주황색을 띠고, 뒤쪽은 고동색을 띤다. 가슴은 짙은 고동색 바탕에 희끗희끗한 털들이 섞여 있으며, 가슴 가운데로 갈수록 투구처럼 생긴 털 뭉치가 크게 솟아 있다. 배는 옅은 누런 밤색 털들로 덮여 있으며, 앞쪽에 작은 투구처럼 생긴 털 뭉치가 있다. 앞날개는 고동색 바탕에 날개 뿌리 쪽에 있는 금색 무늬와 가운데 가장자리에 있는 금색 무늬가 좁게 이어져 커다란 금색 무늬를 이룬다. 바깥쪽 가장자리는 보랏빛이 돈다. 뒷날개는 옅은 밤색 바탕에 바깥쪽 가장자리는 다소 색깔이 짙다.

　큰금무늬밤나방은 온 나라 몇몇 곳에서 산다. 어른벌레는 7월부터 9월까지 볼 수 있다. 애벌레가 무엇을 먹는지는 아직 알려지지 않았다.

　큰금무늬밤나방은 1913년 일본에서 맨 처음 기록되었는데, 우리나라에서는 언제 처음 기록되었는지 뚜렷하지 않다. 극동 러시아, 중국에서도 살고 있다. 북녘에서는 '푸른금날개밤나비'라고 한다.

나오는 때 7~9월
사는 곳 온 나라 몇몇 곳
애벌레가 먹는 식물 모름
날개 편 길이 36~40mm

봉인밤나방 둥근무늬흰밤나비북 *Sphragifera sigillata*

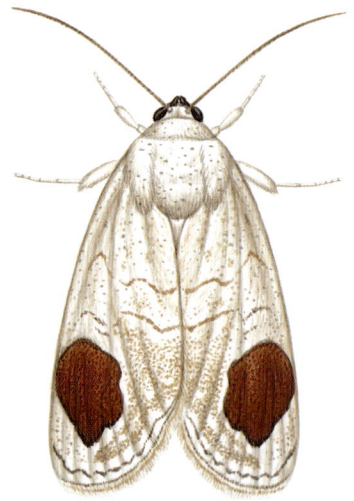

밤나방상과 밤나방과

봉인밤나방은 꼬마봉인밤나방과 닮았지만, 앞날개 앞쪽 가장자리 가운데부터 바깥쪽 가장자리에 이르는 굵은 띠가 없어서 다르다. 앞날개는 하얀색 바탕에 가늘고 누런 밤색 가로줄들과 뒤쪽 모서리를 중심으로 커다란 붉은 밤색 무늬가 있다. 하지만 개체마다 차이가 크다. 바깥쪽 가장자리를 따라 톱니 모양 가로줄이 있다. 뒷날개는 옅은 노란색 바탕에 바깥쪽 가장자리 쪽으로 갈수록 누런 밤색을 띤다.

봉인밤나방은 온 나라 산을 중심으로 폭넓게 산다. 한 해에 한 번 날개돋이하는데, 어른벌레는 6월부터 8월까지 볼 수 있다. 애벌레는 까치박달, 개암나무 잎을 갉아 먹는다고 알려졌다. 다 자란 애벌레는 머리 양쪽으로 희미한 옅은 노란색 무늬가 있다. 어린 애벌레는 옅은 풀빛을 띠지만, 4령 애벌레가 되면서 1~4번째 배마디 위로 노란색 무늬가 나타나기 시작하고 다 자란 애벌레가 되면 그 무늬가 뚜렷해진다. 3번째와 4번째 배마디에 있는 배다리는 아주 짧다. 다 자란 애벌레는 잎을 엮어 그 속에서 번데기가 된다.

봉인밤나방은 1859년 극동 러시아에서 맨 처음 기록되었는데, 우리나라에서는 언제 처음 기록되었는지 뚜렷하지 않다. 중국, 일본, 타이완에서도 살고 있다. 북녘에서는 '둥근무늬흰밤나비'라고 한다.

나오는 때 6~8월
사는 곳 온 나라 산
애벌레가 먹는 식물 까치박달, 개암나무
날개 편 길이 32~41mm

애벌레

여왕밤나방 구슬무늬작은밤나비북, 여왕꼬마밤나방 *Sinocharis korbae*

여왕밤나방은 앞날개가 새하얗고 날개 뿌리와 바깥쪽 가장자리에 무늬가 있어서 다른 밤나방 무리와 구별된다. 날개 뿌리 무늬는 검푸른색 바탕에 하얀 물결 모양 무늬와 비늘 가루가 섞여 있고, 바깥쪽과 접한 부분은 짙은 밤색을 띤다. 날개 끝과 뒤쪽 모서리까지 있는 어두운 적자색 무늬는 날개 끄트머리에서 더 폭이 넓고, 톱니 모양이거나 반원형 흰색 무늬가 나타난다. 뒷날개는 하얀색 바탕에 날개 끄트머리를 중심으로 좁게 옅은 붉은 밤색을 띤다.

여왕밤나방은 온 나라에서 볼 수 있다. 하지만 산을 중심으로 몇몇 곳에서 산다. 한 해에 한 번 날개돋이하는데, 어른벌레는 6월부터 8월까지 볼 수 있다. 애벌레가 무엇을 먹는지는 아직 알려지지 않았다.

여왕밤나방은 1912년 극동 러시아에서 맨 처음 기록되었는데, 우리나라에서는 언제 처음 기록되었는지 뚜렷하지 않다. 중국, 일본에서도 살고 있다. 북녘에서는 '구슬무늬작은밤나비'라고 한다.

나오는 때 6~8월
사는 곳 온 나라 산 몇몇 곳
애벌레가 먹는 식물 모름
날개 편 길이 36~41mm

탐시버짐밤나방 *Xanthomantis contaminata*

밤나방상과 밤나방과

　탐시버짐밤나방은 버짐나방과 닮았지만, 앞날개 가로줄이 뚜렷하고, 뒷날개가 짙은 노란색을 띠어서 다르다.

　탐시버짐밤나방은 온 나라에서 볼 수 있다. 하지만 산을 중심으로 몇몇 곳에서 산다. 한 해에 한 번 날개돋이하는데, 어른벌레는 6월부터 7월까지 볼 수 있다. 애벌레는 느티나무, 벚나무, 복자기나무 잎을 갉아 먹는다고 알려졌다. 다 자란 애벌레는 머리가 누런 밤색이고 검은 밤색 작은 무늬들이 흩뿌려져 있어서 얼룩져 보인다. 겹눈 위쪽 가장자리에는 은빛이 나는 작고 동그란 무늬가 뚜렷하다. 몸은 옅은 붉은 밤색이다. 등 쪽에는 검은 밤색 털 뭉치들이 여러 개 솟아 있고, 옆구리에는 잿빛이 도는 옅은 붉은 밤색 털 뭉치들이 뻗어 있다. 어린 애벌레는 잎을 붙이고 숨어서 잎을 갉아 먹는데 다 큰 애벌레가 되면 밖으로 몸을 드러낸 채 잎을 갉아 먹는다. 그러다 위험을 느끼면 몸을 둥글게 만다. 다 자란 애벌레는 잎을 붙이고 그 속에서 자기 몸에 난 털을 섞어서 고치를 만들고 번데기가 된다.

　탐시버짐밤나방은 1937년 중국에서 맨 처음 기록되었고, 우리나라에서는 1977년 처음 기록된 것으로 알려졌다. 극동 러시아에서도 살고 있다.

나오는 때 6~7월
사는 곳 온 나라 산 몇몇 곳
애벌레가 먹는 식물 느티나무, 벚나무, 복자기나무
날개 편 길이 39~40mm

애벌레

애기얼룩나방 *Mimeusemia persimilis*

밤나방상과 밤나방과

애기얼룩나방은 얼룩나방과 닮았지만, 앞날개와 뒷날개 가운데 가장자리에 작고 하얀 무늬들로 이루어진 띠무늬가 없어서 다르다. 앞날개는 검은색 바탕에 청람색 무늬들이 얼룩져 있고, 하얀색 또는 옅은 노란색 무늬들이 뚜렷하다. 이들 무늬는 가운데방을 중심으로 5개 있다. 뒷날개는 노란색 바탕에 앞쪽 가장자리와 바깥쪽 가장자리는 폭넓게 검은색을 띤다. 가운데방 끝부분에 마름모꼴 검은색 무늬가 있다.

애기얼룩나방은 온 나라 산을 중심으로 폭넓게 산다. 한 해에 한 번 날개돋이 하는데, 어른벌레는 5월부터 8월까지 볼 수 있다. 어른벌레는 낮에 꽃에 모이며, 등불에는 모이지 않는다. 애벌레는 머루 잎을 갉아 먹는다고 알려졌다. 다 자란 애벌레는 머리가 까맣게 반짝거리고, 가늘고 하얀 무늬가 있다. 몸은 검은색 바탕에 흰색과 주황색 줄무늬들이 가로로 겹겹이 뒤섞여 있고, 등 쪽에 흰색 줄무늬 3개가 세로로 길게 뚜렷하다. 몸에 난 털은 가늘고 길며, 하얗다. 누가 건드리면 머리를 들었다 놨다 한다. 뒷노랑얼룩나방 애벌레와 닮았는데, 애기얼룩나방 애벌레는 마디마다 옅은 주황색 줄무늬가 있다. 뒷노랑얼룩나방 애벌레는 배 옆에 있는 주황색 무늬가 더 넓다.

애기얼룩나방은 1875년 일본에서 맨 처음 기록되었는데, 우리나라에서는 언제 처음 기록되었는지 뚜렷하지 않다. 극동 러시아, 중국에서도 살고 있다.

나오는 때 5~8월
사는 곳 온 나라 산
애벌레가 먹는 식물 머루
날개 편 길이 42~46mm

애벌레

짝짓기

기생얼룩나방 *Sarbanissa venusta*

밤나방상과 밤나방과

　기생얼룩나방은 뒷노랑얼룩나방과 닮았지만, 앞날개 앞쪽 가장자리부터 뒤쪽 가장자리 모서리까지 하얀 무늬가 있어서 다르다. 앞날개는 잿빛 바탕에 날개 끄트머리와 뒤쪽 가장자리가 폭넓게 검은 밤색을 띤다. 가운데방 끝부분에 있는 완두콩처럼 생긴 무늬는 크고, 그 안쪽에 타원형 무늬가 있다. 날개맥은 흰색으로 뚜렷하게 보이고, 바깥쪽 가장자리와 가깝게 잿빛 띠무늬가 나타난다. 뒷날개는 노란색 바탕에 가운데방 끝부분에 검은 밤색 원형 무늬가 있다. 바깥쪽 가장자리는 넓게 검은 밤색을 띤다.

　기생얼룩나방은 온 나라에서 볼 수 있다. 하지만 산을 중심으로 몇몇 곳에서 산다. 한 해에 한 번 날개돋이하는데, 어른벌레는 5월부터 8월까지 볼 수 있다. 애벌레는 담쟁이덩굴 잎을 갉아 먹는다고 알려졌다. 다 자란 애벌레 머리는 까맣고 반짝거린다. 가슴은 옅은 노란색이나 옅은 주황색 바탕에 검은색 무늬가 있다. 몸은 까맣고, 가늘고 흰 줄무늬가 가로로 겹겹이 나 있다. 배 아래쪽은 주황색 바탕에 검은 무늬들이 나 있어서 마치 표범 무늬처럼 생겼다. 몸에 난 털은 가늘고, 거의 하얗다. 털이 난 곳은 작은 혹처럼 솟았다.

　기생얼룩나방은 1888년 일본에서 맨 처음 기록되었는데, 우리나라에서는 언제 처음 기록되었는지 뚜렷하지 않다. 극동 러시아, 중국, 타이완에서도 살고 있다.

나오는 때 5~8월
사는 곳 온 나라 산 몇몇 곳
애벌레가 먹는 식물 담쟁이덩굴
날개 편 길이 42~45mm

애벌레

흰줄까마귀밤나방
흰줄제비밤나비복 *Amphipyra tripartita*

밤나방상과 밤나방과

흰줄까마귀밤나방은 이름처럼 몸이 까맣고, 앞날개에 하얀 띠가 두 줄 있어서 다른 까마귀밤나방 무리와 구별된다. 바깥쪽 가장자리에는 날개맥 위에 흰색 점무늬가 줄지어 있다. 뒷날개는 짙은 밤색 바탕에 앞쪽 가장자리는 색깔이 옅고, 바깥쪽 가장자리는 얕은 물결 모양이다.

흰줄까마귀밤나방은 온 나라에서 볼 수 있다. 하지만 산을 중심으로 몇몇 곳에서 산다. 어른벌레는 7월부터 10월까지 볼 수 있다. 애벌레는 단풍나무, 개머루, 다래 잎을 갉아 먹는다고 알려졌다. 다 자란 애벌레 머리는 옅은 풀색을 띤다. 가슴과 몸은 풀색이고 옅은 노란색 점무늬들이 마디마디 규칙적으로 나 있다. 몸 옆구리와 등 쪽 몇몇 마디, 배 끄트머리에는 흰색 무늬가 있다. 배 끄트머리는 뭉툭하다. 누가 건드리면 가슴다리를 모으고 몸 앞쪽을 높이 치켜든다. 다 자란 애벌레는 잎을 오려 붙이고 그 속에서 번데기가 된다.

흰줄까마귀밤나방은 1878년 일본에서 맨 처음 기록되었는데, 우리나라에서는 언제 처음 기록되었는지 뚜렷하지 않다. 중국에서도 살고 있다. 북녘에서는 '흰줄제비밤나비'라고 한다.

나오는 때 7~10월
사는 곳 온 나라 산 몇몇 곳
애벌레가 먹는 식물 단풍나무, 개머루, 다래
날개 편 길이 46~52mm

엉겅퀴밤나방 한산덩굴밤나비북 *Niphonyx segregata*

엉겅퀴밤나방은 밑검은밤나방과 닮았다. 하지만 앞날개 앞쪽 끝 모서리에 무늬가 있고, 가로줄 생김새가 달라서 구별된다. 앞날개는 잿빛 밤색이거나 옅은 밤색 바탕에 가로줄들이 가늘고, 검은색을 띤다. 안쪽 가로줄과 바깥쪽 가로줄 사이는 대부분 짙은 밤색이거나 검은 밤색으로 색깔이 짙다. 뒷날개는 누런 밤색 바탕에 날개 뿌리 쪽으로 갈수록 색깔이 옅어진다.

엉겅퀴밤나방은 온 나라에 폭넓게 산다. 한 해에 두 번 날개돋이하는데, 어른벌레는 5월부터 9월까지 볼 수 있다. 애벌레는 환삼덩굴 잎을 갉아 먹는다고 알려졌다. 다 자란 애벌레 머리는 완두콩 빛깔을 띤다. 가슴과 몸은 풀색이고 마디 끝부분은 옅은 노란빛이 돈다. 등에는 흰 줄무늬가 3줄 뚜렷하게 보이는데, 양쪽 하얀 선이 등 가운데 하얀 줄보다 살짝 더 굵다. 털이 난 곳은 허연 점무늬로 보인다. 다 자란 애벌레는 땅속에서 번데기가 된다.

엉겅퀴밤나방은 1878년 일본에서 맨 처음 기록되었는데, 우리나라에서는 언제 처음 기록되었는지 뚜렷하지 않다. 극동 러시아, 중국, 타이완에서도 살고 있다. 북녘에서는 '한삼덩굴밤나비'라고 한다.

나오는 때 5~9월
사는 곳 온 나라
애벌레가 먹는 식물 환삼덩굴
날개 편 길이 25~30mm

얼룩어린밤나방 알락간산무늬밤나비북 *Callopistria repleta*

밤나방상과 밤나방과

　얼룩어린밤나방은 어린밤나방과 닮았지만, 앞날개에 있는 바깥쪽 가로줄이 거의 곧게 뻗어서 구별된다. 앞날개는 붉은 밤색 바탕에 검은색 가로줄들과 날개맥들에 의해 무늬가 복잡하게 나뉘어 보인다. 각 가로줄 사이는 앞쪽 가장자리와 더불어 검은 밤색으로 어둡다. 바깥쪽 가장자리 날개맥 사이에는 오목한 흰색 띠가 있어서, 물결 모양 띠가 있는 것처럼 보인다. 뒷날개는 잿빛 밤색 바탕에 날개 뿌리 쪽으로 갈수록 색깔이 옅어진다.

　얼룩어린밤나방은 온 나라에서 볼 수 있다. 하지만 산을 중심으로 몇몇 곳에서 산다. 한 해에 두 번 날개돋이하는데, 어른벌레는 5월부터 9월까지 볼 수 있다. 애벌레는 고사리, 골고사리, 홍지네고사리, 각시고사리를 갉아 먹는다고 알려졌다. 어린 애벌레는 머리에 검은 줄이 있고, 몸은 풀색 바탕에 흰 가로줄이 있다. 다 자란 애벌레는 풀색 바탕에 등 쪽에 노란 테두리가 있는 검은색 가로 막대 무늬가 거의 모든 마디에 있다. 다 자란 애벌레는 땅속에 들어가 번데기가 된다.

　얼룩어린밤나방은 1858년 인도에서 맨 처음 기록되었는데, 우리나라에서는 언제 처음 기록되었는지 뚜렷하지 않다. 극동 러시아, 중국, 일본, 타이완, 인도네시아, 말레이시아, 네팔, 파키스탄 같은 곳에서도 살고 있다. 북녘에서는 '알락간산무늬밤나비'라고 한다.

나오는 때 5~9월
사는 곳 온 나라 산 몇몇 곳
애벌레가 먹는 식물 고사리, 골고사리, 홍지네고사리, 각시고사리
날개 편 길이 28~31mm

애벌레

흰줄이끼밤나방
흰띠구름무늬작은밤나비북 *Stenoloba jankowskii*

밤나방상과 밤나방과

　흰줄이끼밤나방은 앞날개 가운데를 가로지르는 하얀 띠가 있어서 다른 이끼밤나방 무리와 구별된다. 앞날개 앞쪽 가장자리 날개 뿌리에서 가운데방 아랫부분을 가로질러 가운데방 끝부분에서 위쪽으로 꺾어져 날개 끄트머리에 다다르는 부분은 폭넓게 검은 밤색을 띠고, 개체에 따라 녹색 빛이 돈다. 이 무늬와 접하여 아래쪽은 좁게 흰색을 띠고, 날개 끄트머리는 날개맥으로 갈라져 흰색 그물 모양이 일부 나타난다. 바깥쪽 가로줄은 물결 모양으로 불규칙하다. 뒷날개는 옅은 밤색이고, 뒤쪽 가장자리에 있는 털은 길다.

　흰줄이끼밤나방은 온 나라에서 볼 수 있다. 하지만 산을 중심으로 몇몇 곳에서 산다. 어른벌레는 6월부터 8월까지 볼 수 있다. 애벌레가 무엇을 먹는지는 아직 알려지지 않았다.

　흰줄이끼밤나방은 1885년 극동 러시아에서 맨 처음 기록되었는데, 우리나라에서는 언제 처음 기록되었는지 뚜렷하지 않다. 중국, 일본에서도 살고 있다. 북녘에서는 '흰띠구름무늬작은밤나비'라고 한다.

나오는 때 6~8월
사는 곳 온 나라 산 몇몇 곳
애벌레가 먹는 식물 모름
날개 편 길이 28~32mm

십자무늬밤나방 *Staurophora celsia*

밤나방상과 밤나방과

　십자무늬밤나방은 앞날개가 뚜렷한 풀색을 띠고, 날개를 접었을 때 앞날개 가운데를 가로지르는 줄무늬와 날개 뒤쪽 가장자리에 있는 밤색 줄무늬가 '十'자 무늬를 이루어서 다른 밤나방 무리와 구별된다.

　십자무늬밤나방은 온 나라에서 볼 수 있다. 하지만 산을 중심으로 몇몇 곳에서 산다. 한 해에 한 번 날개돋이하는데, 어른벌레는 9월부터 10월까지 볼 수 있다. 애벌레는 좀새풀, 산조풀, 향기풀을 갉아 먹는다고 알려졌다. 다 자란 애벌레 머리는 검은 밤색을 띠고, 앞가슴 등 쪽은 짙은 밤색을 띤다. 몸은 분홍빛이 도는 살구색을 띠고, 통통하다. 마디마다 작고 검은 점무늬들이 고리처럼 동그랗게 늘어선다.

　십자무늬밤나방은 1758년 유럽에서 맨 처음 기록되었고, 우리나라에서는 1984년 강원도 백덕산에서 채집된 표본을 사용하여 처음 기록된 것으로 알려졌다. 극동 러시아, 중국, 일본, 몽골, 유럽 같은 곳에서도 살고 있다.

나오는 때 9~10월
사는 곳 온 나라 산 몇몇 곳
애벌레가 먹는 식물 좀새풀, 산조풀, 향기풀
날개 편 길이 40mm 안팎

점박이밤나방 *Hermonassa cecilia*

점박이밤나방은 흑점박이밤나방과 닮았지만, 앞날개 가운데방 아랫부분에 긴 타원형 무늬가 있어서 다르다. 앞날개는 짙은 밤색이거나 검은 밤색 바탕에 연한 주황색 테두리를 두른 검은 무늬들이 가운데를 중심으로 나타난다. 가운데방 끝부분에 하트 모양 무늬가 있고, 가운데방 2/3 부근에 있는 가락지처럼 생긴 무늬는 다각형을 이룬다. 뒷날개는 짙은 밤색 바탕에 날개 뿌리 쪽으로 갈수록 색깔이 옅어지고, 가운데방 끝부분에 있는 가로맥 무늬는 흐릿하다.

점박이밤나방은 온 나라에서 볼 수 있다. 하지만 산을 중심으로 몇몇 곳에서 산다. 한 해에 두 번 날개돋이하는데, 어른벌레는 5월부터 10월까지 볼 수 있다. 애벌레가 무엇을 먹는지는 아직 알려지지 않았다.

점박이밤나방은 1878년 일본에서 맨 처음 기록되었는데, 우리나라에서는 언제 처음 기록되었는지 뚜렷하지 않다. 극동 러시아, 중국 같은 곳에서도 살고 있다.

나오는 때 5~10월
사는 곳 온 나라 산 몇몇 곳
애벌레가 먹는 식물 모름
날개 편 길이 34~42mm

얼룩무늬밤나방 *Clavipalpula aurariae*

밤나방상과 밤나방과

얼룩무늬밤나방은 막대무늬밤나방과 닮았지만, 앞날개 가운데에 커다란 짙은 밤색 무늬가 있어서 다르다. 앞날개는 잿빛 밤색 띠지만, 개체에 따라 차이가 있다.

얼룩무늬밤나방은 온 나라에서 볼 수 있다. 하지만 산을 중심으로 몇몇 곳에서 산다. 한 해에 한 번 날개돋이하는데, 어른벌레는 4월부터 5월까지 볼 수 있다. 애벌레는 개암나무, 아까시나무, 벚나무, 참나무류 잎을 갉아 먹는다고 알려졌다. 다 자란 애벌레는 머리가 허옇고, 개체에 따라 분홍빛이 돈다. 어린 애벌레는 머리에 검은 점들이 뚜렷하게 보이지만 시나브로 옅어져서 다 자란 애벌레에게서는 보이지 않는다. 몸은 풀색이고 작은 완두콩 빛깔 점무늬가 빼곡하게 흩뿌려져 있다. 마디 앞쪽은 좁게 완두콩 빛깔을 띤다. 숨구멍은 하얗고, 붉은 밤색 테두리를 둘렀다. 등 쪽 줄무늬와 숨구멍 선은 희미한 편이다. 애벌레 수는 많지만, 잎 두 장이나 여러 장을 입에서 뽑은 실로 여러 갈래 엉성하게 묶어 붙이고 그 속에 들어가 살기 때문에 눈에 잘 띄지 않는다. 다 자란 애벌레는 땅속에서 엉성한 고치를 만들고 번데기가 된다.

얼룩무늬밤나방은 1880년 극동 러시아에서 맨 처음 기록되었는데, 우리나라에서는 언제 처음 기록되었는지 뚜렷하지 않다. 중국, 일본, 타이완에서도 살고 있다.

나오는 때 4~5월
사는 곳 온 나라 산 몇몇 곳
애벌레가 먹는 식물 개암나무, 아까시나무, 벚나무, 참나무류
날개 편 길이 34~43mm

애벌레

소나무붉은밤나방 *Panolis japonica*

밤나방상과 밤나방과

소나무붉은밤나방은 앞날개가 붉은 밤색이고 화살촉처럼 생긴 하얀 무늬가 잔뜩 있어서 다른 밤나방 무리와 구별된다. 어깨판에는 붉은 밤색과 흰색 털들이 섞여 있어 화려하게 보인다. 앞날개는 붉은 밤색 바탕에 가운데를 중심으로 흰색 테두리를 두른 무늬들이 뚜렷하다. 가로줄들은 허옇고 불규칙해서 얼룩져 보인다. 가운데방에는 하얀 테두리를 두른 완두콩처럼 생긴 무늬와 가락지처럼 생긴 무늬가 크고 뚜렷하게 나 있다. 그 아래쪽 사이에는 화살표처럼 생긴 흰색 무늬가 나타난다. 뒷날개는 짙은 밤색 바탕에 아무 무늬도 나타나지 않는다.

소나무붉은밤나방은 온 나라에서 볼 수 있다. 하지만 산을 중심으로 몇몇 곳에서 산다. 한 해에 한 번 날개돋이하는데, 어른벌레는 4월부터 6월까지 볼 수 있다. 애벌레는 소나무, 전나무 잎을 갉아 먹는다고 알려졌다. 다 자란 애벌레는 머리가 붉은 밤색 바탕에 작고 허연 무늬가 있어 얼룩져 보이고, 가운데는 젖빛을 띤다. 몸은 풀색이고 등 쪽에 굵고 하얀 줄무늬가 3줄 있다. 숨구멍은 검은 밤색을 띠고 작다. 검은 밤색 숨구멍 선 아래로는 옅은 노란색이나 완두콩 빛깔을 띤다.

소나무붉은밤나방은 1935년 일본에서 맨 처음 기록되었는데, 우리나라에서는 언제 처음 기록되었는지 뚜렷하지 않다. 극동 러시아, 중국에서도 살고 있다.

나오는 때 4~6월
사는 곳 온 나라 산 몇몇 곳
애벌레가 먹는 식물 소나무, 전나무
날개 편 길이 30~33mm

흰무늬구리밤나방 *Karana laetevirens*

밤나방상과 밤나방과

　흰무늬구리밤나방은 앞날개 안쪽 가로줄과 가운데 가로줄 사이에 기다란 막대처럼 생긴 하얀 무늬가 있어서 다른 밤나방 무리와 구별된다. 앞날개는 검은 밤색 바탕에 녹색 비늘 가루가 섞여 있다. 앞날개 가로줄들은 흰색이며, 가운데 가로줄 바깥에는 동그랗거나 초승달처럼 생긴 흰 무늬가 있다. 가운데방에 있는 완두콩처럼 생긴 무늬는 굵고 하얀 테두리를 두르고 있다.

　흰무늬구리밤나방은 온 나라에서 볼 수 있다. 하지만 산을 중심으로 몇몇 곳에서 산다. 한 해에 한 번 날개돋이하는데, 어른벌레는 7월부터 8월까지 볼 수 있다. 애벌레가 무엇을 먹는지는 아직 알려지지 않았다.

　흰무늬구리밤나방은 1884년 극동 러시아에서 맨 처음 기록되었고, 우리나라에서는 1984년 강원도 백덕산에서 채집된 표본을 사용하여 처음 기록된 것으로 알려졌다. 중국, 일본, 타이완에서도 살고 있다.

나오는 때 7~8월
사는 곳 온 나라 산 몇몇 곳
애벌레가 먹는 식물 모름
날개 편 길이 36mm 안팎

담배거세미나방 *Spodoptera litura*

밤나방상과 밤나방과

　담배거세미나방은 작은멋쟁이밤나방과 닮았지만, 앞날개에 있는 빗줄처럼 생긴 띠무늬가 다르고, 뒷날개 날개맥이 누런 밤색으로 뚜렷하게 보여서 다르다.

　담배거세미나방은 온 나라에 폭넓게 산다. 한 해에 4~5번 날개돋이하는데, 어른벌레는 5월부터 11월까지 볼 수 있다. 짝짓기를 마친 암컷 한 마리가 알을 모두 1,000~2,000개 낳는데, 한 번에 100~300개 알을 덩어리로 낳는다. 애벌레가 먹을 잎 뒷면에 알을 붙여 낳은 뒤에 암컷 배 끝에 난 털로 알 덩어리를 덮는다. 알에서 나온 애벌레는 호박, 파, 감, 고추, 고구마, 시금치, 콩, 수박, 사과, 배추, 국화, 장미, 토마토 같은 여러 가지 잎을 갉아 먹는다고 알려졌다. 다 자란 애벌레는 누런 밤색이나 검은 밤색, 잿빛처럼 개체마다 여러 가지 색깔을 띤다. 마디마다 등 쪽 양옆에 삼각형이나 줄처럼 기다란 검은 무늬가 있는데, 개체에 따라 일부분만 나타나기도 한다. 가슴 2번째 마디 등 쪽에는 작고 노란 점이 2개 있다. 다 자란 애벌레는 땅속에 들어가 번데기가 된다.

　담배거세미나방은 1775년 인도에서 맨 처음 기록되었는데, 우리나라에서는 언제 처음 기록되었는지 뚜렷하지 않다. 극동 러시아, 중국, 타이완, 필리핀, 스리랑카, 오만, 네팔, 파키스탄, 오스트레일리아, 뉴질랜드 같은 곳에서도 살고 있다.

나오는 때 5~11월
사는 곳 온 나라
애벌레가 먹는 식물 호박, 파, 감, 고추, 고구마, 시금치, 콩, 수박, 사과, 배추, 국화, 장미, 토마토
날개 편 길이 30~41mm

애벌레

네줄붉은밤나방
네줄붉은밤나비북 *Pygopteryx suava*

네줄붉은밤나방은 톱니무지개밤나방과 닮았지만, 앞날개 가운데 가장자리 줄무늬가 날개 앞쪽 가장자리부터 가운데까지만 뚜렷하게 보여서 다르다. 앞날개는 붉은 밤색 바탕에 앞쪽 가장자리를 중심으로 잿빛 비늘 가루가 폭넓게 흩뿌려져 있다. 연한 분홍빛이 도는 가로줄들은 거의 직선이며, 날개맥은 뚜렷하게 보인다. 뒷날개는 붉은빛이 도는 누런 밤색 바탕에 날개 뿌리로 갈수록 색깔이 옅어진다.

네줄붉은밤나방은 온 나라에서 볼 수 있다. 하지만 산을 중심으로 몇몇 곳에서 산다. 어른벌레는 9월부터 10월까지 볼 수 있다. 애벌레가 무엇을 먹는지는 아직 알려지지 않았다.

네줄붉은밤나방은 1887년 극동 러시아에서 맨 처음 기록되었는데, 우리나라에서는 언제 처음 기록되었는지 뚜렷하지 않다. 중국, 일본에서도 살고 있다. 북녘에서는 '네줄붉은밤나비'라고 한다.

나오는 때 9~10월
사는 곳 온 나라 산 몇몇 곳
애벌레가 먹는 식물 모름
날개 편 길이 32~38mm

호랑무늬밤나방 *Tiliacea auragides*

밤나방상과 밤나방과

　호랑무늬밤나방은 닥나무노랑무늬밤나방과 닮았지만, 앞날개에 있는 가로 띠무늬가 짙은 밤색을 띠고, 날개 뒤쪽 가장자리 3분의 2쯤에 붉은 밤색 무늬가 세로로 길게 나타나서 다르다. 뒷날개는 누런 밤색 바탕에 날개 뿌리 쪽은 색깔이 옅고, 가로줄은 두 줄로 흐릿하다.

　호랑무늬밤나방은 온 나라에서 볼 수 있다. 하지만 산을 중심으로 몇몇 곳에서 산다. 한 해에 한 번 날개돋이하는데, 어른벌레는 10월에 볼 수 있다. 애벌레가 무엇을 먹는지는 아직 알려지지 않았다.

　호랑무늬밤나방은 1879년 극동 러시아에서 맨 처음 기록되었고, 우리나라에서는 1993년 처음 기록된 것으로 알려졌다. 한국과 극동 러시아에서만 살고 있다.

나오는 때 10월
사는 곳 온 나라 산 몇몇 곳
애벌레가 먹는 식물 모름
날개 편 길이 33mm 안팎

우리 이름 찾아보기
학명으로 찾아보기
참고한 책
저자 소개

우리 이름 찾아보기

가

가시가지나방 160
가중나무고치나방 122
가중나무껍질나방 212
가중나무껍질밤나방 ▶ 가중나무껍질나방 212
갈고리가지나방 172
갈고리박각시 126
갈매기부채명나방 64
개암나무누에나비북 ▶ 긴꼬리산누에나방 116
검띠푸른자나방 192
검정가는불나비북 ▶ 목도리불나방 234
곡식비단명나방 66
구슬무늬작은밤나비북 ▶ 여왕밤나방 258
그물밤나방 ▶ 그물애나방 214
그물서리밤나비북 ▶ 그물애나방 214
그물애나방 214
기생얼룩나방 264
기생재주나방 208
긴꼬리산누에나방 116
긴수염비행기나방 250
긴수염비행기밤나방 ▶ 긴수염비행기나방 250
까치물결자나방 202
깜둥이창나방 62
꽃무늬나방 216
꽃무늬밤나방 ▶ 꽃무늬나방 216
꽃술재주나방 204
끝검은쐐기나방 50
끝무늬들명나방 104

나

남방섬재주나방 210
남방흰갈고리나방 148
네눈박이푸른자나방 196
네점노랑물명나방 84
네줄붉은밤나방 286

네줄붉은밤나비북 ▶ 네줄붉은밤나방 286
노랑그물물결자나방 200
노랑날개무늬가지나방 170
노랑눈비단명나방 68
노랑띠들명나방 102
노랑제비가지나방 186
녹색박각시 128
누에나방 112
니도베가지나방 188

다

담배거세미나방 284
대만나방 110
대왕박각시 130
독나방 220
둥경수나비북 ▶ 가중나무고치나방 122
둥근무늬흰밤나비북 ▶ 봉인밤나방 256
뒤흰띠알락나방 56
뒷노랑왕불나방 228
뒷노랑점가지나방 162
딸기뾰족날개밤나비 ▶ 흰뾰족날개나방 142

마

마름모무늬포충나방 ▶ 마름모무늬풀명나방 78
마름모무늬풀명나방 78
말굽무늬들명나방 96
매미나방 222
먹세줄흰가지나방 178
목도리불나방 234
목화바둑명나방 92
무궁화무늬나방 248
무궁화밤나방 ▶ 무궁화무늬나방 248
무궁화잎밤나비북 ▶ 무궁화무늬나방 248

바

반달누에나방 114
밤나무산누에나방 120
밤나주누에나방˄ ▶ 밤나무산누에나방 120
배노랑물결자나방 198
뱀눈박각시 138
범무늬불나비˄ ▶ 흰무늬왕불나방 226
벚나무모시나방 54
벚나무박각시 132
별박이자나방 190
보라끝가지나방 184
봉인밤나방 256
불회색가지나방 164
붉은등불나비˄ ▶ 뒷노랑왕불나방 228
붉은박나비˄ ▶ 주홍박각시 134
붉은뾰족날개밤나비 ▶ 신부짤름나방 240
붉은줄불나방 232
붉은줄흰이끼불나비˄붉은줄불나방 232
비행기나방 252
비행기밤나방 ▶ 비행기나방 252
뿔나무가지나방 180
뿔나비나방 140

사

사과고엽나비˄ ▶ 사과나무나방 108
사과나무나방 108
상제들명나방 ▶ 수수꽃다리명나방 100
색동푸른자나방 194
소나무붉은밤나방 280
수수꽃다리명나방 100
신부짤름나방 240
십자무늬밤나방 274

아

알락간산무늬밤나비˄ ▶ 얼룩어린밤나방 270

알락굴벌레나방 58
알락흰가지나방 158
애기나방 236
애기일룩나방 262
어름잎밤나비˄ ▶ 으름큰나방 238
얼룩갈고리나방 146
얼룩무늬밤나방 278
얼룩어린밤나방 270
엉겅퀴밤나방 268
여왕꼬마밤나방 ▶ 여왕밤나방 258
여왕밤나방 258
연노랑뒷날개나방 244
연물명나방 80
오얏나무가지나방 156
옷나무꼬리밤나방˄ ▶ 비행기나방 252
왕갈고리나방 ▶ 왕인갈고리나방 144
왕물결나방 124
왕인갈고리나방 144
왕재주나방 206
왕흰줄태극나방 246
유리창가지나방 174
으름덩굴큰나방 ▶ 으름큰나방 238
으름밤나방 ▶ 으름큰나방 238
으름큰나방 238
은무늬줄명나방 70
은빛들명나방 86
은제비밤나비˄ ▶ 제비나방 152

자

작은검은꼬리박각시 136
잠자리가지나방 166
점박이밤나방 276
점박이불나방 230
제비나방 152
주홍박각시 134

줄검은들명나방 106
줄노랑얼룩가지나방 154
줄보라집명나방 72
쥐똥나방 ▶ 왕물결나방 124
집박나비북 ▶ 뱀눈박각시 138
집시나방 ▶ 매미나방 222

차
참나무독나비북 ▶ 매미나방 222
참나무산누에나방 118
참쐐기나방 52
천잠나비북 ▶ 참나무산누에나방 118

카
큰각시들명나방 94
큰갈고리나방 150
큰갈구리밤나비북 ▶ 왕인갈고리나방 144
큰금무늬밤나방 254

타
타이완나방 ▶ 대만나방 110
탐시버짐밤나방 260
토끼눈가지나방 182
튤한띠가는박나비북 ▶ 갈고리박각시 126

파
파란박나비북 ▶ 녹색박각시 128
팥알락명나방 74
푸른금날개밤나비북 ▶ 큰금무늬밤나방 254

하
한산덩굴밤나비북 ▶ 엉겅퀴밤나방 268
호랑무늬밤나방 288
혹명나방 88
홀씨무늬들명나방 98
화랑곡나방 76

활무늬수염나방 218
회양목명나방 90
흰그물왕가지나방 176
흰띠구름무늬작은밤나비북 ▶ 흰줄이끼밤나방 272
흰띠독나방 224
흰무늬구리밤나방 282
흰무늬왕불나방 226
흰물결물명나방 82
흰분홍꼬마밤나방 ▶ 흰분홍꼬마짤름나방 242
흰분홍꼬마짤름나방 242
흰뾰족날개나방 142
흰점고운가지나방 168
흰점무늬상수리창나방 60
흰줄까마귀밤나방 266
흰줄이끼밤나방 272
흰줄제비밤나비북 ▶ 흰줄까마귀밤나방 266

학명으로 찾아보기

A
Abraxas grossulariata 줄노랑얼룩가지나방 154
Acropteris iphiata 제비나방 152
Actias artemis 긴꼬리산누에나방 116
Agathia carissima 검띠푸른자나방 192
Aglaomorpha histrio 흰무늬왕불나방 226
Aglossa dimidiata 곡식비단명나방 66
Agrisius fuliginosus 점박이불나방 230
Amata fortunei 애기나방 236
Ambulyx japonica koreana 갈고리박각시 126
Amphipyra tripartita 흰줄까마귀밤나방 266
Analthes semitritalis 홀씨무늬들명나방 98
Angerona prunaria 오얏나무가지나방 156
Antheraea yamamai 참나무산누에나방 118
Antipercnia albinigrata 알락흰가지나방 158
Anuga multiplicans 긴수염비행기나방 250
Apochima juglansiaria 가시가지나방 160
Arichanna melanaria 뒷노랑점가지나방 162
Artaxa subflava 독나방 220
Auzata nigrata 얼룩갈고리나방 146

B
Belippa horrida 끝검은쐐기나방 50
Biston regalis 불회색가지나방 164
Bombyx mori 누에나방 112
Brahmaea certhia 왕물결나방 124

C
Caligula japonica 밤나무산누에나방 120
Callabraxas compositata 배노랑물결자나방 198
Callambulyx tatarinovii 녹색박각시 128
Callopistria repleta 얼룩어린밤나방 270
Camptoloma interioratum 꽃무늬나방 216
Cataprosopus monstrosus 갈매기부채명나방 64
Catocala streckeri 연노랑뒷날개나방 244
Catoptria permiacus 마름모무늬풀명나방 78
Cirrhochrista brizoalis 은빛들명나방 86
Clavipalpula aurariae 얼룩무늬밤나방 278
Cnaphalocrocis medinalis 혹명나방 88
Cyana hamata 붉은줄불나방 232
Cyclidia substigmaria nigralbata 왕인갈고리나방 144

Cystidia stratonice 잠자리가지나방 166

D
Deilephila elpenor 주홍박각시 134
Deroca inconclusa coreana 남방흰갈고리나방 148
Diachrysia stenochrysis 큰금무늬밤나방 254
Diaphania indica 목화바둑명나방 92
Dudusa sphingiformis 꽃술재주나방 204

E
Elcysma westwoodi 벚나무모시나방 54
Eligma narcissus 가중나무껍질나방 212
Elophila interruptalis 연물명나방 80
Epholca arenosa 흰점고운가지나방 168
Epobeidia tigrata 노랑날개무늬가지나방 170
Erebus ephesperis 왕흰줄태극나방 246
Etiella zinckenella 팥알락명나방 74
Eublemma amasina 흰분홍꼬마짤름나방 242
Eucyclodes gavissima 색동푸른자나방 194
Eudocima tyrannus 으름큰나방 238
Eurrhyparodes contortalis 말굽무늬들명나방 96
Eustroma aerosum 노랑그물물결자나방 200
Eutelia geyeri 비행기나방 252

F
Fascellina chromataria 갈고리가지나방 172

G
Glyphodes perspectalis 회양목명나방 90
Glyphodes quadrimaculalis 큰각시들명나방 94

H
Habrosyne pyritoides derasoides 흰뾰족날개나방 142
Hagapteryx kishidai 남방섬재주나방 210
Hermonassa cecilia 점박이밤나방 276
Hypena bicoloralis 활무늬수염나방 218

K
Karana laetevirens 흰무늬구리밤나방 282
Krananda semihyalina 유리창가지나방 174

L

Langia zenzeroides 대왕박각시 130
Lista ficki 줄보라집명나방 72
Lymantria dispar 매미나방 222

M

Macrobrochis staudingeri 목도리불나방 234
Macroglossum bombylans 작은검은꼬리박각시 136
Mesastrape fulguraria 흰그물왕가지나방 176
Mimeusemia persimilis 애기얼룩나방 262
Mirina christophi 반달누에나방 114
Myrteta angelica 먹세줄흰가지나방 178

N

Naganoella timandra 신부짤름나방 240
Naxa seriaria 별박이자나방 190
Neochalcosia remota 뒤흰띠알락나방 56
Niphonyx segregata 엉겅퀴밤나방 268
Numenes disparilis 흰띠독나방 224

O

Odonestis pruni rufescens 사과나무나방 108
Oreta insignis 큰갈고리나방 150
Orybina regalis 노랑눈비단명나방 68

P

Palpita nigropunctalis 수수꽃다리명나방 100
Panolis japonica 소나무붉은밤나방 280
Paracymoriza prodigalis 흰물결물명나방 82
Paralebeda femorata 대만나방 110
Pericallia matronula 뒷노랑왕불나방 228
Phthonandria atrilineata 뽕나무가지나방 180
Phthonandria emaria 토끼눈가지나방 182
Phyllosphingia dissimilis 벚나무박각시 132
Piletocera luteosignata 노랑띠들명나방 102
Plodia interpunctella 화랑곡나방 76
Potamomusa midas 네점노랑물명나방 84
Pterodecta felderi 뿔나비나방 140
Pycnarmon pantherata 끝무늬들명나방 104
Pygopteryx suava 네줄붉은밤나방 286
Pyralis regalis 은무늬줄명나방 70

R

Rhamnosa angulata 참쐐기나방 52
Rheumaptera hecate 까치물결자나방 202
Rhodoneura pallida 흰점무늬상수리창나방 60

S

Samia cynthia 가중나무고치나방 122
Sarbanissa venusta 기생얼룩나방 264
Selenia tetralunaria 보라끝가지나방 184
Sinna extrema 그물애나방 214
Sinocharis korbae 여왕밤나방 258
Smerinthus planus 뱀눈박각시 138
Sphragifera sigillata 봉인밤나방 256
Spodoptera litura 담배거세미나방 284
Staurophora celsia 십자무늬밤나방 274
Stenoloba jankowskii 흰줄이끼밤나방 272

T

Tarsolepis japonica 왕재주나방 206
Thetidia albocostaria 네눈박이푸른자나방 196
Thinopteryx delectans 노랑제비가지나방 186
Thyas juno 무궁화무늬나방 248
Thyris fenestrella seoulensis 깜둥이창나방 62
Tiliacea auragides 호랑무늬밤나방 288
Tyspanodes hypsalis 줄검은들명나방 106

U

Uropyia meticulodina 기생재주나방 208

W

Wilemania nitobei 니도베가지나방 188

X

Xanthomantis contaminata 탐시버짐밤나방 260

Z

Zeuzera multistrigata 알락굴벌레나방 58

참고한 책

단행본

국립생물자원관. 2014. 한반도 고유종 곤충 I. II, III.
김상수, 백문기. 2020. 한국 나방 도감. 자연과 생태. 781pp.
김성수, 최세웅, 손재천, 김태우, 이봉우. 2016. 한국의 자나방(나비목: 자나방과).
  국립생물자원관 · 국립수목원, 499pp.
김진일, 신유항, 김성수, 권혁도. 2019. 곤충 도감. 보리
김창환, 남상호, 이승모. 1982. 한국동식물도감 제26권 동물편(곤충류 VIII). 문교부, 919pp.
김창환, 남상호, 이승모. 1982. 한국동식물도감 제26권 동물편(곤충류 VIII). 문교부, 919pp.
남상호, 윤일병, 김창환. 1980. 한국산 불나방과의 연구. 규산 김창환교수 회갑기념논문집, pp. 103-131.
박규택, 권영대. 2001. 누에나방상과, 재주나방과. 한국경제곤충지 7호, 농업과학기술원. 166pp.
박규택, 권영대. 2011. 재주나방류. 한국의 곤충 제16권 2호, 국립생물자원관, 267pp.
박규택, 김민영. 2012. 갈고리나방류. 한국의 곤충 제16권 4호, 국립생물자원관, 150pp.
박규택. 1999. 한국의 나방(I). 곤충자원편람 IV, 생명공학연구소 · 곤충분류연구회. 358pp.
박규택. 2000. 불나방과, 독나방과, 솔나방과, 박각시과(나비목). 한국경제곤충지 1호,
  농업과학기술원, 276pp.
박규택. 2013. 뿔나방과 I. 한국의 곤충 제16권 9호, 국립생물자원관, 155pp.
박규택. 2014. 미소나방류. 한국의 곤충 제16권 12호, 국립생물자원관, 155pp.
박규택, 김민영. 2012. 갈고리나방류. 한국의 곤충 제16권 4호, 국립생물자원관, 150pp.
배양섭, 백문기, Mujie Qi. 2017. 명나방류 II. 한국의 곤충 제16권 15호, 국립생물자원관, 170pp.
배양섭, 백문기, Mujie Qi. 2018. 명나방류 III. 한국의 곤충 제16권 16호, 국립생물자원관, 116pp.
배양섭, 백문기. 2006. 명나방상과의 기주식물. 한국경제곤충지 26호, 농업과학기술원. 180pp.
배양섭, 변봉규, 김민선. 2012. 애기잎말이나방류 III. 한국의 곤충 제16권 8호, 국립생물자원관, 150pp.
배양섭, 변봉규, 백문기. 2008. 한국산 명나방상과 도해도감. 국립수목원, 426pp.
배양섭, 울지자르갈, 박보선. 2013. 불나방류. 한국의 곤충 제16권 11호, 국립생물자원관, 158pp.
배양섭, 채도영, 안능호. 2012. 애기잎말이나방류 II. 한국의 곤충 제16권 3호, 국립생물자원관, 152pp.
배양섭. 2001. 명나방상과(나비목). 한국경제곤충지 16호, 농업과학기술원. 251pp.
배양섭. 2004. 명나방상과(나비목) II. 한국경제곤충지 22호, 농업과학기술원. 205pp.
배양섭. 2011. 애기잎말이나방류 I. 한국의 곤충 제16권 1호, 국립생물자원관. 179pp.
백문기. 2012. 한국 밤 곤충 도감. 자연과 생태. 448pp.
변봉규, 박규택, 배양섭, 이봉우. 2009. 한국산 미소나방 목록. 국립수목원. 413pp.
신유항, 박규택, 남상호. 1983. 한국동식물도감 제27권 동물편(곤충류 IX). 문교부. 1053pp.
신유항. 2001. 원색 한국나방도감. 아카데미서적. 551pp.
이범영, 정영진. 2002. 한국수목해충. 성안당. 459pp.
이승모. 1973. 한국산 박각시과 나방. 청호림연구소자료집(제2집).

정부희. 2018. 먹이식물로 찾아보는 곤충 도감. 상상의 숲
정부희. 2020. 세밀화로 보는 정부희 선생님 곤충 교실 세트(전5권). 보리
정부희. 2022. 정부희 곤충기(1~6). 보리
최세웅. 2012. 자나방류. 한국의 곤충 제 16권 5호, 국립생물자원관, 137pp.
허운홍. 2012. 나방 애벌레 도감 1. 자연과 생태. 520pp.
허운홍. 2016. 나방 애벌레 도감 2. 자연과 생태. 392pp.
환경부. 2016. 국외반출입규제대상 생물종 목록.
National Institute of Biological Resources(NIBR), 2024. National List of Korea. National Institute of Biological Resources. Incheon, Korea, Accessed 31 Dec 2024(2025.06.23.), <https://kbr.go.kr/>.

외국 단행본

Ahn S.B., Kononenko V.S., Park K.T. 1994. New records of Noctuidae (Lepioptera) from Korean Peninsula (II). Quadrifinae, *Ins. Koreana*, 11: 48-57.

Alphéraky S.N. 1897. Lépidopteres de l'mour et de la Corée, in Romanoff, Mém. Lép. 9: 151-184, pl. 10-13.

Beljaev E.A., Oh S.H. 2001. New and little known Geometrinae and Larentiinae from Korea, with description of a new species (Lepidoptera, Geometridae). Ins. Korean 18(1): 69-78.

Bryk F. 1948. Zur kenntinis der Gross-schmetterlinge von Korea. Pars II. Macrofrenata II (finis). Ark Zool. 41 A(1): 1-225, pl. 7.

Choi S.W., Kim S.S. 2016. Three new records of Arctiine moths (Lepidoptera: Erebidae; Arctiinae) from Korea. *Anim. Syst. Evol. Divers.* 32(4): 297-300.

Doi H. 1938. A list of the Moths of Korea. Kagakukanpo 78: 3-6.

Doi H. 1939. A list of the Moths of Korea. Kagakukanpo 79: 4-7.

Herz O. 1904. Lepidoptera von Korea. Noctuidae and Geometridae. Ann. Mus. Zool. Acad. imp. Sci. St. Petersbourg 9: 263-390, pl. 1.

Hirowatari T., Nasu Y., Sakamaki Y., Kishida Y. (Eds). 2013. The Standard of Moths in Japan III. Gakken Educational Publishing, 359pp.

Inoue H. 1946a. Notes on some Geometridae from Japan, Corea and Saghalien. Bull. Lepid. Soc. Japan 1(1): 1-17.

Inoue H. 1946b. A catalogue of the Geometridae of Corea. Bull. Lepid. Soc. Japan 1(2): 19-59.

Kim C.H. 1961. A list of Mt. Jiri (1). Jinju Agr. Coll.

Kim S.S. 1996. Review of the winter geometrid moths in Korea (Lepidoptera, Geometridae).

Korean J. Ent. 26(4): 313-333.

Kim S.S., Beljaev E.A. 2001. Family Geometridae. Economic Insects of Korea 8. Ins. Koreana Suppl. 15, 247pp.

Kim S.S., Beljaev E.A., Oh O.H. 2001. Illustrated Catalogue of Geometridae in Korea (Lepidoptera: Geometrinae, Ennominae). *In* Park, K.T.(eds): Insects of Korea [8], 279pp.

Kim S.S., Shin Y.H. 1996. Note on eleven unrecorded and nineteen little known geometrid moths from Korea. Korean J. Lepid. Soc. Korea 9: 15-25.

Kishida Y. 2011. The Standard of Moths in Japan I. Gakken Educational Publishing, 352pp.

Kishida Y. 2011. The Standard of Moths in Japan II. Gakken Educational Publishing, 416pp.

Kishida Y. 2013. The Standard of Moths in Japan IV. Gakken Educational Publishing, 553pp.

Ko J.H. 1969. A list of Forest Insect pest in Korea. Forest Research Institute. Seoul. 5: 124-127.

Ku K. 1963. Insects of Mt. Myung-ji. Kor. J. Zool. 6(1): 25-28.

Lee B.W., Bae Y.S. 2007. A review of the tribe Pyralini Latreille (Lepidoptera, Pyralidae, Pyralinae) from Korea. Trans. lepid. Soc. Japan. 58(1): 47-68.

Leech J.H. 1888. On the Lepidoptera of Japan and Corea, part II. Heterocera. Trans. Ent. Soc. Lond. 1888: 580-655.

Matsumura S. 1909. Thousand insects of Japan. Suppl. 1: 1-59.

Matsumura S. 1922. A critical review of Marumo's paper on the Notodontidae from Japan. Zoll. Mag. (Tokyo) 34: 517-523.

Matsumura S. 1924. Some new Notodontidae from Japan, Corea and Formosa, with list of known species. Zoll. Mag. (Tokyo) 9: 29-50.

Nam S.H., Yoon I.B., Kim C.W. 1980. Studies on Arctiidae in Korea. 103-131.

Oh S.H., Park K.T. 1989. Newly recorded species of Macrolepidoptera from Korea (II). Jour. Sci. Tech., Kangweon Nat'l Univ. 8(1): 201-202.

Okamoto H. 1924. The Insect Fauna of Quelpart Island. Bull. Agr. Exp. Chos., 1: 1-233.

Paik K.Y. 1936. A list of Insects collected from North Keisho-do, Korea. Jour. Chosen Nat. Hist. 21: 118.

Pak S.W. 1959. A hand list of Korean moths. For. Exp. Sta. Korea 1: 9-10.

Pak S.W. 1964. Fifteen unrecorded species of moths from Korea. Kor. J. Zool. 7(2): 53, 123-127.

Pak S.W. 1969. Moths of Jeju-do and Geoje-do. Report Biological circle, Dongmyeong Girls' High School pp. 40-51, 69-71.

Park K.T. 1976. On Fifty-six Unrecorded Species Pyralidae (Lepidoptera) from Korea. Korean J. of Entomol. 6(2): 11-20.

Park K.T. 1990. Two new species of Pyralidae (Lepidoptera) from Korea. Korean J. of Entomol. 20(3): 139-144.

Park K.T. 1993. Pyralidae and Thyrididae (Lepidoptera) from North Korea. J. Appl. Entomol.

32(2): 151-167.

Park K.T., Byun B.K. 1990. Korean species of Thyrididae (Lepidoptera). Ins. Korean 7: 67.86.

Park K.T., Lee S.M. 1977. Description of one new species and notes on forty-three unrecorded species of Noctuidae (Lepidoptera) from Korea. Korean J. Ent. 7(2): 1-10.

Park K.T., Ronkay L., Przybylowicz L., Kun A., Peregovits L. 2001. Moths of North Korea (Lepidoptera, Heterocera, Macrolepidoptera- parts). In Park K.T.(eds): Insects of Korea [Series 7], 443pp.

Park K.T., Shin Y.H. 1981. Taxonomic revision of the family Drepanidae (Lepidoptera) in Korea. *In* Men. Publ. 60th Birthday Y.S. Cho. pp. 607-642. Kyunghee Univ. Seoul.

Park K.T., Sohn J.C. 2002. Description of *Bombyx shini* sp. nov. (Lepidoptera, Bombycidae) from Korea. Tinea, 17(2), 67–69.

Park K.T., Weon K.J. 1988. Newly recorded species of Macrolepidoptera from Korea. (I) Seven species of Noctuidae, two of Lasiocampidae and one Saturniidae. Korea J. Syst. Zool. 4(1): 15-20.

Prout L.B. 1912-6. The Palaearctic Geometridae. *In.* A. Seitz, Macrolepidoptera of the world, 4: I-v, 1-479. pls. 1-25. Stuttgart.

Ronkay L., Park K.T. 1993. New faunistic data on the family Noctuidae (Lepidoptera) of the Korean Peninsula. Ins. Koreana 10: 53-74.

Sato R. 1984. Taxonomic study of the genus Hypomecis Hübner and its allied genera from Japan (Lepidoptera: Geometridae: Ennomonae). Special Bull. Essa Ent. Soc. 1: 49-162

Schintlmeister A. 2008. Notodontidae. Palaearctic Macrolepidoptera. Vol. 1. Apollo Books. 482pp. pls. 40.

Shin Y.H. 1984a. On the butterflies and moths of Mt. Chombong in summer season. Rep. KACN 22: 95-107.

Shin Y.H. 1984b. On the moths fauna of Mt. Baekdeok. Thes. Colln Kyung Hee Univ. 13: 119-138.

Shin Y.H. 1986. Notes on three unrecorded and five little known geometrid moths from Korea. Theses Collection, Kyung Hee Univ. 15: 39-42.

Staudinger O. 1888. Neue Noctuiden des Amurgebietes. Stett. Ent. Ztg. 49: 1-65.

Ulziijargal B., Ju Y.D., Bae Y.S. 2016. Review of the Eilema group of lichen moths from South Korea, with description of one new species (Lepidoptera: Erebidae: Arctiinae: Lithosiini). *J. Forestry Research*, 27(2): 407- 417.

Ulziijargal B., Ju Y.D., Park B.S., Na S.M., Kim J.W., Lee D.J., Ko J.H., Bae Y.S. 2016. Genus of *Siccia* (Lepidoptera: Erebidae: Arctiinae: Lithosiini) in Korea, with a new record. *J. of Asia-Pacific Biodiversity*, pp. 389-391.

Warren W. 1911. in Seitz, Macrolepidoptera of the World 3: 502.

Won P.H., Choe Y.H. 1968. A list of terrestrial animals of Is. Hongdo. Rept. Acad. Surv. Is. Hongdo pp. 367-384.

저자 소개

그림 | 옥영관

서울에서 태어났습니다. 어릴 때 살던 동네는 아직 개발이 되지 않아 둘레에 산과 들판이 많았답니다. 그 속에서 마음껏 뛰어놀면서 늘 여러 가지 생물에 호기심을 가지고 자랐습니다. 홍익대학교 미술대학과 대학원에서 회화를 공부하고 작품 활동과 전시회를 여러 번 열었습니다. 또 8년 동안 방송국 애니메이션 동화를 그리기도 했습니다. 2012년부터 딱정벌레를 시작으로 세밀화 도감에 들어갈 그림을 그리고 있습니다. 《세밀화로 그린 보리 어린이 잠자리 도감》, 《잠자리 나들이 도감》, 《세밀화로 그린 보리 어린이 나비 도감》, 《나비 나들이 도감》, 《나비 도감-세밀화로 그린 큰도감》, 《세밀화로 보는 정부희 선생님 곤충 교실》(5권), 《딱정벌레 도감-세밀화로 그린 큰도감》, 《부지런한 일꾼 개미》, 《으뜸 비행사 잠자리》, 《곤충 대장 딱정벌레》 같은 책에 그림을 그렸습니다.

글 | 백문기

초등학교 때부터 여름방학 숙제로 '앞산의 곤충', '뒷산의 곤충' 관찰 기록지와 표본을 제출해 여러 번 대상을 받았을 정도로 곤충을 좋아했습니다. 중, 고등학교 때는 생물반에서 활동했고, 대학에 들어가서는 곧바로 곤충 연구실에 연구생으로 들어가 곤충을 배웠습니다. 국립보건원과 국립공원관리공단을 거쳐 가천길대학 겸임교수로 일했습니다. 지금은 한반도곤충보전연구소 소장과 한국숲교육협회 이사 등으로 활동하고 있습니다. 요즘에도 늘 산과 들을 돌아다니면서 여러 가지 곤충을 관찰하고 있습니다. 《한국의 곤충-명나방류 II》, 《화살표 곤충도감》, 《한반도 나비 도감》, 《우리 동네 곤충 찾기》, 《한국 밤 곤충 도감》, 《한반도의 나비》, 《한국 곤충 총 목록》, 《한국산 명나방상과 도해도감》, 《명나방상과의 기주식물》 등 지금까지 28권의 책을 썼습니다.